KB220874

나는 저자에게 물었다

나는
저자에게
물었다

김복순 지음

99세의 아브라함을 찾아오신 하나님을 생각하며

나도 한때는 잘나가던 사람인데, 현직에서 은퇴하고 물러나 있다 보니 점점 잊혀져 가는 느낌이 들었다. 인생은 그렇고 그러려니 하는 마음으로 지내고 있었다.

그런데 하나님께서 찾아오셨다. 생각지도 않던 이 책을 쓰게 하셨고, 잊어버렸던 지난 일들을 돌아보게 하셨다. 글을 쓰는 과정에서 감정과 느낌을 문장으로 표현하도록 거들어 주셨고, 고마운 사람들을 만나게 하셔서 책을 펴낼 수 있도록 도와주셨다.

나를 다시 찾아오신 하나님을 생각할 때 아브라함이 떠올랐다. 하나님은 99세가 된 아브라함을 찾아오셨다. 아브라함은 이스마엘을 키우다가 자신의 일생이 끝날 것으로 여기고 있었다. 그러나 하나님은 아브라함을 통해 더 할 일이 있어서 찾아오신 것이었다.

나를 찾아오신 하나님을 생각할 때, 하나님께서 나를 통해 더 할 일이 있으신 모양이라고 받아들였다. 하나님께서 아직도 나를 기억하시고 여전히 사랑하시는 것을 깨닫자 가슴은 하나님의 사랑으로 가득 차서 무척 행복했다. 마음 저 깊은 곳에서부터 힘과 즐거움이 솟아나며 제2의 전성기를 맞는 기분이 들었다.

부디 이 책이 사람과 하나님을 이어주는 다리 역할이 되었으면 좋겠다. 하나님을 찾는 무신론자가 어떻게 하나님을 만나는지, 하나님을 섬기고자 하는 새 신자가 어떻게 해야 하는지, 하나님과 다소 멀어진 묵은 신자가 어떻게 믿음을 회복할지—이 세 가지의 길잡이가 되기를 바라는 마음으로 진심을 다해 글을 썼다.

〈나는 저자에게 물었다〉는 영어판(I asked the author)과 스페인어판(Le pregunté al autor)으로 각각 출간된다. 이 책으로 말미암아 한국어권에서 1명, 영어권에서 1명, 스페인어권에서 1명이 하나님께 돌아온다면 나의 목적은 성공일 뿐더러 하나님께서도 기뻐하실 것이라 믿는다. 적어도 3명이 영원한 생명을 받게 될 테니까.

지난날, 항상 바쁘게 살아서 아이들에게 내가 겪어 온 일들을 들려줄 여유를 갖지 못했다. 지나간 시간을 되돌릴 수는 없으니 아이들에게 엄마가 말하지 못했던 일들을 글로서나마 들려주게 되어 다행스럽다.

이 한 권의 책이 나오기까지 많은 분의 은혜를 입었다. 먼저 글을 쓰도록 권해주신 다니엘 김(Daniel Kim) 선교사님과 나의 글을 읽고 진지하게 소감을 말해주신 주디 임(Judy Lim), 성이분 사모님께 고개 숙여 감사드린다.

마크 마토스(Marc Matos) 형제님의 피드백은 많은 격려와 희망을 주었다. 문세연 사모님은 전체의 구조와 낱말까지 섬세하게 살펴주셔서 큰 도움이 되었다. 바쁘신 가운데 부족한 글을 읽어주시고 격려해주신 어거스틴 김(Augustine Kim) 치과 의사님께 감사드린다.

출판에 대해 조언해주신 마크 홍(Mark Hong) 선교사님, 표지에 대한 아이디어를 주신 머시 강(Mercy Kang)님께 고마움을 전한다. 영어 교정을 도와주신 해훈 마토스(Hae Hun Matos)님, 이 책이 세상에 나올 수 있도록 한국의 출판사와 연결시켜주신 에스더 김(Esther Kim) 선교사님께 감사의 마음을 보낸다. 그리고 출판을 맡아주신 홍영사의 홍영철 대표님께도 감사드린다.

〈나는 저자에게 물었다〉를 읽는 한 분 한 분을 위해 매일 기도하고 있다. 하나님께서 이 책을 읽는 분들의 마음과 영혼의 문을 열어주시어 성령으로 감화받으실 수 있도록 두 손을 모은다.

2023년 12월 10일
휴스턴에서 김복순

차례

—

가난을 박차고 일어나 나는 세계로 나갈 것이다. 적어도
5개 국어쯤은 구사하고 세계 방방곡곡을 여행하며 내가
살고 있는 이 세상이 어떤 곳인지 다 배울 것이다. 나는
세계 위에 우뚝 설 것이다. 그래서 나는 목포를 탈출할
것이다.

1 ——————————— 어린 시절

가난한 나라의 가난한 집에서

나는 6·25전쟁이 터진 그해 1월에 태어났다. 이 비극적인 전쟁은 3년 넘게 계속되었다. 너무 어려서 그 참상을 기억하지 못하지만, 나는 오롯이 전후의 참담한 폐허 속에서 자라나야 했다.

거지가 매일, 아니 매 끼니때마다 대문을 두드리며 구걸했다. 그들은 힘없는 목소리로 말했다.

"밥 한술 줍쇼…."

고아원은 전쟁통에 부모를 잃은 아이들로 넘쳐났다. 거리에는 장애인도 많았다. 열악한 환경과 영양실조 탓에 몸과 마

음이 성치 않은 이들뿐만 아니라 전투 중에 부상을 당한 상이
군인도 많이 눈에 띄었다. 거의 각 가정마다 전쟁의 희생자가
있었다.

나는 동족상잔의 생생한 이야기들을 들으며 자랐다. 피난
살이, 배고픔, 행방불명, 고문, 죽음, 장터에서 벌어지는 즉결
처분 등이 어린 시절 참 많이도 들었던 말이었다. 300만 명
에 이르는 귀한 생명이 희생되었고, 살아남은 사람들은 생존
하기 위해 몸부림쳐야 했다. 목숨을 이어갈 음식이 절대적으
로 부족했다.

가끔 밀가루, 옥수수 가루, 우윳가루 들을 실어 나르는 트
럭을 보았다. 거기에는 미국 국기와 두 손이 악수하는 그림이
그려진 부대 자루들이 잔뜩 실려 있었다. 미국에서 오는 구
호물자였다. 어린 마음에 그 트럭을 볼 때면 다음 1~2주일은
우리 가족이 굶지 않고 먹을 수 있을 거라 마음 놓곤 했다. 밀
가루, 옥수수 가루, 우윳가루는 동사무소에서 각 가정의 식구
수 대로 분배해주었다.

전쟁 이후 상처의 아픔을 달래는 노래도 많았다. 목숨을
건 전투에서 살아 돌아온 병사들의 아픔, 가족을 잃은 남편과
아내의 아픔, 난리통에 헤어져버린 이산가족들의 아픔, 피난
살이의 아픔, 학교 교육을 받지 못하는 아이들의 아픔…. 그

가운데 지금까지 내 마음에 메아리치는 노래가 있다. 초등학교 시절 공놀이할 때 부르던 노래다.

아버지, 학교에 보내주세요.
저기 가는 저 학생이 너무 부러워.
흰 저고리 검정 치마 가방을 메고
학교 가는 것이 너무 부러워.
나도 우리 엄마 살아 계시면
매일 아침 머리 곱게 빗겨주시고
학교 가라, 학교 가라 하시련마는
어찌하여 내 신세 이리 되었나.
옥자야, 옥자야, 울지를 마라.
노동일을 하더라도 학교 보내마.

노래 속의 옥자는 내 바로 위 세대의 교육 현실을 잘 보여준다. 학교에 가고 싶으나 가난해서 가지 못하는 슬픔을 고스란히 드러내고 있다.

이 노래를 부를 때마다 옥자가 너무 불쌍했고, 나는 옥자보다는 더 낫다는 생각을 했다. 그나마 나는 학교에 다니고 있었으니까.

하지만 나의 학교 생활은 그리 수월하지 않았다. 1960년을 전후해서 학교에 다니려면 학비를 내야 했다. 초등학교는 한 달에 한 번 월사금이라는 명목의 수업료를 냈다. 중학교와 고등학교는 한 학기에 한 번, 그러니까 1년에 두 번 공납금이라는 명목의 수업료를 냈다. 학비를 내지 않으면 수업을 받지 못하고 교실에서 쫓겨나야 했기에 노래 속의 옥자 신세가 될 수밖에 없었다.

초등학교 몇 학년 때였는지 기억나지 않는데, 하루는 수업 시작 전에 선생님이 내 이름을 불렀다. 교탁 앞으로 나갔더니 지금 바로 집에 가서 월사금을 가져오라는 것이었다. 반 친구들이 모두 쳐다보고 있었다. 부끄러움을 뒤로하고 교실을 나와 집으로 향했다. 집까지는 걸어서 30~40분 정도 걸렸다. 엄마가 집에 있었지만 월사금 낼 돈이 있을 리 없었다. 나는 집 안으로 들어가지도 않고 대문 밖에 서서 엉엉 소리내어 울었다. 초등학교를 중퇴하지 않고 졸업한 것을 보니 어찌어찌해서 월사금을 다 내긴 냈던 모양이다.

초등학교를 다니는 데는 월사금만 문제인 것은 아니었다. 공부를 하려면 교과서와 공책은 물론이고 참고서도 있어야 했다. 형편이 넉넉한 집 아이들은 가정교사로부터 과외수업을 받기도 했다. 나는 나보다 조건이 좋은 아이들과 경쟁해야 했다. 학년마다 '전과(全科)'라 일컫던 부교재가 있었다. 전 과목에 걸친 학습 참고서였는데, 나에게는 그런 전과도 가정교사도 없을 뿐더러 모르는 것이 있으면 물어볼 만한 사람조차 주위에 없었다.

다행히 교과서는 비록 낡은 것이지만 헌책방에서 구할 수 있었다. 연습장도 없어 신문지의 빈 공간을 찾아가며 산수 문제를 풀고는 했다.

쉬지 않고 달려야 했던 아이

초등학교 3학년 무렵이었던 것 같다. 나는 다른 아이들과 어떻게 경쟁할 수 있을까 곰곰이 생각했다. 머리는 모두 거기서 거기가 아닐까 싶었다. 전과도 가지고 있고 과외수업도 받는 아이들에게 밀리지 않으려면 더 열심히 하는 수밖에 없었다. 조건이 나쁜 아이가 조건이 좋은 아이를 앞서기 위해서는 쉬지 않고 내달려야 한다는 것을 이미 알고 있었다.

어떻게 해야 격차를 벌릴 수 있을까? 다른 아이들은 학교에서 공부하고 집에 가서도 공부한다. 똑같은 양의 공부로는 앞서기 어렵다. 다른 아이들이 공부하지 않는 시간에 내가 공부한다면 격차를 벌릴 수 있을 것이다. 그래서 나는 이렇게 생각했다.

학교생활 가운데 쉬는 시간에 아이들이 밖에 나가 놀 때 나는 교실에 남아 공부한다. 여기서 조금 격차가 날 것이다. 아침에 걸어서 등교할 때, 수업을 마치고 걸어서 하교할 때도 나는 공부한다. 여기서 또 조금 격차가 날 것이다. 아침을 먹을 때 다른 아이들은 밥만 먹겠지만 나는 밥을 먹으며 공부한다. 여기서 또 조금 격차가 날 것이다. 그리고 일찍 자고 일찍 일어나서 공부한다.

이제 실천할 일만 남았다. 시간이 흐르면 자연 그 결과가 나올 것이다.

새벽에 일어나 등교하기 전까지 공부하면 엄청난 집중력이 발휘되었다. 밥은 오른손으로 먹고 왼손으로는 책을 들었다. 학교까지 걸어가는 동안은 나만의 훌륭한 공부 시간이었다. 쉬는 시간 아이들이 운동장에 나가 뛰놀 때 나는 교실에 남아 공부했다. 아이들의 웃음과 고함 소리를 들으며 나는 속으로 되뇌었다.

'그래, 너희는 신나게 놀아라. 나는 공부한다.'

전과도 없고 문제집도 없고 가정교사도 없던 나는 교과서를 그야말로 뜯어먹듯이 파고들었다.

초등학교 4학년쯤 되어서 내 머릿속에 교과서 페이지가 가끔 떠올랐다. 그러면 책에 쓰인 모든 것이 훤히 보였다. 한 페이지 전체를 처음부터 끝까지 읽을 수 있었다. 시험을 볼 때면 나는 마음으로 교과서를 열고 책장을 펼쳤다. 그러면 꼭 눈으로 보는 것처럼 마음으로 선명히 볼 수 있었다. 단어, 이름, 숫자, 사진 등이 다 보였다. 그래서 시험지에다 곧잘 정답을 써넣었다. 그런 일이 항상 있었던 것은 아니고 시험 날 집중할 때 가끔 있었다.

이런 일은 중학교 2학년 때까지 지속되었다. 하루는 무용 선생님이 전교생이 모인 조회 시간에 내 이름을 부르신 일이 있었다.

"현대무용의 창시자가 누구냐는 주관식 문제에 한 학생이 정답을 썼는데, 그 학생 이름은 윤복순이야."

그때도 마음속의 책장을 펼치고 '이사도라 덩컨'이라는 이름을 본 뒤 답을 썼다.

나는 마음으로 책만 본 것이 아니었다. 선생님이 설명하시느라 칠판에 적는 것을 통째로 마음에 담고는 했다. 며칠 전, 몇 주 전의 칠판을 마음으로 읽을 수 있었다.

나중에 어른이 되어 이 같은 기억법이 바로 '포토제닉 메모리(photogenic memory)'라는 것을 알게 되었다. 우리말로는 '사진 기억'이라 하면 어떨지 모르겠다.

가진 것 없는 가난한 학생이던 나는 다른 아이들이 놀 때 공부함으로써 격차를 벌려 전교 1, 2등을 차지하게 되었다. 마음으로 책을 보는 것도 도움이 되었다. 왜, 어떻게 해서 마음으로 책을 보는 능력이 생겼는지, 또 왜 사라졌는지는 알 수 없었다.

나의 통지표는 늘 '수'로 가득했고, 어쩌다 체육 과목에서 '우'를 받으면 아주 낯설게 여겨질 정도였다.

영어가 무엇인가? 영어는 소리다!

초등학교를 졸업하고 목포여자중학교 입학시험을 보았는데 전교 2등으로 합격했다. 1~3등까지 3명의 학생에게 장학금을 준다는 반가운 소식을 들었지만 입학금은 따로 내야 한다고 했다. 그 입학금이 부모님께서 나를 위해 마련해주신 마지막 교육비였다.

중학교 공납금은 초등학교 월사금보다 훨씬 비쌌다. 나는 장학금을 받아야 학교를 계속 다닐 수 있었기에 열심히 공부하지 않을 수 없었다. 그때 한 반의 학생 수는 70~80명 정도였다. 우리 학년은 7반까지 있었으므로 학생 수는 500여 명이었다.

전교에서 1, 2등을 차지하는 것은 시험문제 하나에 달려 있다고 생각했다. 시험문제 하나의 중요성과 심각성을 늘 되새기며 지냈다. 시험문제 하나에 달려 있었기에 설렁설렁 대충대충 공부할 수 없었다. 하나하나 빠짐없이 마치 칼날 위를 걷는 것처럼 신중하게 공부해야 했다.

한 학기가 지나자 다른 아이들에 비해 영어 과목이 밀린다는 것을 느꼈다. 대개 두툼한 영어 사전과 영어 참고서 한두 권은 가지고 있고, 영어 선생님 집에서 따로 과외를 받는 아이도 있었다. 나에게는 달랑 영어 교과서 한 권뿐이었다. 손바닥만 한 영어 사전을 구했지만 그나마 앞뒤로 절반가량 떨어져나가 제대로 볼 수도 없었다.

영어 수업 시간에 나는 선생님이 읽어주시는 단어의 발음을 책에다 한글로 적어 넣었다. 사전이 없으니 발음기호도 알 수 없었다. 영어 선생님은 항상 긴 막대를 가지고 다니셨는데, 매가 무서워서라도 열심히 한글로 적어 나갔다. 어서 수업이 끝나기만을 기다리게 되는 영어 시간이었다.

그렇게 한 학기를 보내고 나는 이 문제에 대해 심각히 고민했다. 더 이상 이대로 갈 수는 없다. 이를 근본적으로 해결해야만 한다.

좋다! 나는 영어 과외수업을 받을 수 없다. 영어 사전도 참고서도 살 돈이 없다. 주위에 물어볼 사람도 없다. 이 상황에서 잘 생각해보자.

영어가 무엇인가?

이 답을 알면 상황을 풀어갈 수 있을 것이다.

영어가 무엇인가?

영어는 영어다. 나는 영어가 무엇인지 모르고 한 학기를 보냈다. 영어 원어민을 상상해보았다. 갓난아이들은 단어도 모르고 문법도 딱히 공부하지 않는데 두세 살이 되면 영어를 잘한다. 그들은 어떻게 영어를 배우나?

당시 우리나라에서는 영어 교육을 이렇게 했다. 선생님이 먼저 읽은 뒤 몇몇 학생을 지적해서 따라 읽게 한다. 그다음에는 문장을 쪼개고 쪼개어 문법을 설명한다. 그러고 나서 시험을 본다. 그런 과정을 중학교 3년, 고등학교 3년을 반복한다. 모두 6년 동안 영어 공부를 하지만 정작 영어로 대화 한마디 제대로 할 수 없다. 왜 그럴까?

원어민 아기들은 어떻게 영어를 배우나? 나도 원어민 아기들처럼 영어를 배운다면 영어를 잘할 수 있지 않을까? 나는 거기에 대해 찬찬히 따져 들어갔다.

원어민 아기들은 영어를 문법으로 배우지 않고 소리를 통해 배운다. 영어는 소리로 소통하는 것이다. 소리의 약속 같은 것이다. 하나하나 사물의 개념에 대해 약속된 소리를 냄으로써 뜻이 전달되고 서로 대화하며 소통한다. 문법을 몰라도 소리를 정확히 내면 소통이 된다. 문법은 옳을지라도 다른 소리를 내면 다른 의미가 되어 상대방이 이해할 수 없다.

생각이 거기까지 미치자 나는 나름대로 영어의 정의를 내릴 수 있었다.

"영어는 소리다!"

그러고 보니 우리나라의 영어 교육은 아주 잘못되어 있다는 것을 알 수 있었다. 대학 4년까지 합치면 10년 세월을 공부해도 원어민 앞에서 입도 벙긋 못 하는 형편이니 얼마나 잘못된 영어 교육 시스템인가? 그때부터 영어 공부에 있어서 무엇을 해야 할지 깨닫게 되었다. 나는 다짐했다.

'영어의 소리를 공부할 것이다. 중학교 3년, 고등학교 3년 후에는 영어로 대화할 것이다.'

그러나 학교 성적도 무시할 수 없었다. 장학금을 받아야 했으므로 학교식 영어 공부를 소홀히 해서는 안 되었다. 그래서 나는 이중으로 학습했다. 하나는 학교식 영어 공부, 다른 하나는 소리 중심의 영어 공부….

당시 〈중앙일보〉와 〈한국일보〉에 매일 영어 만화가 연재되었다. 나는 그것들을 잘라내서 책처럼 만들어 학교와 집을 오가며 외웠다. 그렇게 만든 것이 여러 권이었다.

그러나 발음 공부는 한계가 있었다. 컴퓨터는 물론 TV도 없는 데다 외국인도 잘 눈에 띄지 않던 시절이어서 원어민 발음을 익히기가 어려웠다. 학교에서 가끔 명화를 선정해 단체 영화 관람으로 극장에 갔는데, 그때가 원어민 발음을 생생히 들을 수 있는 유일한 기회였다. 듣는 데 집중하면 짧은 대화들은 곧잘 귀에 들어왔다.

한번은 길을 가는데 키 큰 백인 남자와 작은 한국 여자가 나란히 서 있는 것이 눈에 띄었다. 나의 영어 발음을 시험해 보고 싶었다. 겁도 없이 그들에게 다가가 옆의 여자가 딸이냐고 물었다.

"Is she your doughter?"

백인 남자는 웃으며 대답했다.

"Oh, no!"

내 소리가 바르게 전달되었다는 사실이 무척 기뻤다. 내 소리가 제대로 일을 한 것이었다. 나는 원어민처럼 소리를 내었다고 확신했다.

만일 부모님이 돈이 많아서 영어 과외 교사를 두었더라면 나는 이 문제를 어떻게 해결했을까 하고 상상한 적이 있다.

"선생님, 영어가 뭐예요?"

"음, 영어는 영국 사람들의 언어인데, 신대륙 발견 이후 영국 사람들이 미국으로 건너가 정착하면서 미국인들의 언어가 된 거지. 영어는 원래 독일계 유럽인이던 앵글로색슨족의 언어였는데, 그들이 영국으로 이주해 살게 되면서 영국의 언어가 된 거야. 지금은 영어가 세계어가 되어서 국제적인 정치·경제·사회·예술·과학·체육 등 모든 분야에서 쓰고 있어. 그러니 너도 열심히 영어 공부를 해. 영어는 세계로 나가는 필수 과목이야."

내게 이런 말을 해주는 사람이 없었던 것은 불행 중 다행이었다. 우리 부모님이 돈이 없고, 영어 과외 교사가 없고, 주위에 물어볼 사람이 없어서 중 1 첫 학기를 마친 후 혼자서 답을 찾아야 했던 일은 나에게 행운이었다.

영어가 무엇인가?

나는 영어가 '소리'라는 답을 스스로 찾아냈다.

가난의 눈에 보이지 않는 혜택들

그것은 눈에 보이지 않는 가난의 혜택이었다. 가난에는 돈으로 살 수 없는 혜택들이 있다. 혼자 어려움과 직면하고, 혼자 분석하고, 혼자 해결책을 찾고, 혼자 극복해 나가야 하는 인생을 살게 된 것은 가난이 나에게 준 큰 혜택이었다.

가난은 나의 생명력을 잡초처럼 강하게 만들었다. 사막이든 늪이든 위험 지대든 어떤 상황에 처하든 상관없었다. 없는 것이 당연했으므로 나는 늘 제로에서 일어설 수 있었다. 어쩌면 내가 직면했던 문제들에 부딪힌다면 극단적 선택을 할 사람이 나올지도 모른다. 그러나 나는 언제나 제로에서 일어섰다.

당시 여러 종류의 영어 참고서가 있었는데, 학생들에게 가장 인기가 높았던 것이 〈삼위일체〉였다. 나만 빼고 다들 갖고 있는 것 같았다. 돈을 조금 모아 책방에 갔다. 두껍고 비싼 책을 뒤로하고 얇고 값싼 참고서 한 권을 골랐다. 안현필의 〈영어 실력 기초〉였다.

나는 공부할 때 책을 읽고 노트 한 페이지에 그 내용을 요약해 적었다. 책은 나무와 같다고 생각했다. 두꺼운 책은 가지가 많은 나무, 얇은 책은 가지가 적은 나무 같았다. 뿌리도 그럴 수 있다. 그러나 나무는 하나다. 책 한 권을 노트 한 페이지에 요약해놓으면 가지와 뿌리가 보이면서 그 나무가 한눈에 들어왔다. 한 그루의 나무를 두고 어떤 이는 부풀려서 큰 책으로 만들고, 어떤 이는 간단명료하게 작은 책으로 만드는 것 같았다. 나는 후자를 택했다.

여유가 있는 집의 학생은 두툼하고 비싼 영어 참고서를 여러 권 가지고 있었다. 내 눈에는 그들이 오히려 고생을 바가지로 한다고 보였다. 분량이 너무 많아 무엇이 나뭇가지고 무엇이 뿌리인지 알기 어려워 헤매기 십상일 거라 생각했다. 나는 고등학교 졸업 때까지 〈영어 실력 기초〉 한 권을 몇 번이고 반복해서 공부했다. 그래서 어느 페이지에 무엇이 있는지 훤히 꿰고 있었다.

그렇게 나의 주관대로 영어 공부를 하며 5년 반을 지냈다. 고등학교를 졸업할 무렵에는 여러 권의 참고서를 갖고 과외 수업까지 받으며 공부한 동급생들보다 나의 영어 실력이 훨씬 좋았다. 조금 나은 정도가 아니라 그야말로 타의 추종을 불허할 만큼 앞서 있었다.

고 3이 되었다. 동급생들은 대개 서울에 있는 대학교를 지망하고 공부했다. 나도 대학은 가야겠는데 난감했다. 목포에서 순전히 장학금으로 중·고등학교를 보낸 형편에 어떻게 서울에서 대학을 다닐 수 있을까?

그때 목포에는 2년제 교육대학이 하나 있었다. 만약 내가 거기에 진학하면 초등학교 교사로 일생을 보낼지 모른다는 생각이 들었다. 나는 목포가 싫었다. 어릴 때 혼자 걸어다니던 골목길과 시장통, 극장과 음식점, 눈에 익은 거리와 집들…. 유달산 너머 해수욕장에서 수영하며 놀던 일, 부모님과 오빠와 언니 들의 사랑, 그리고 동네 아이들과 학교 친구들…. 그런 정든 고향이지만 나는 싫었다.

커가면서 목포가 점점 답답하게 느껴졌다. 내가 목포에서 살아가면 어떤 인생이 기다리고 있을 것인가? 결혼 상대는 잘해야 은행 또는 농협 직원일 것이다. 그리고 무엇을 먹을까, 무엇을 입을까 궁리하는 아주머니로 살다가 죽을지 모른다. 이것이 나를 숨막히게 했다. 나는 목포에서 태어나 목포에서 살다 목포에서 죽는 아주머니들을 보았다. 나의 단 한 번 인생을 그렇게 살고 싶지 않았다.

목포를 벗어나 세계 위에 우뚝 서리라

나는 세계로 나갈 것이다. 적어도 5개 국어쯤은 구사하고 세계 방방곡곡을 여행하며 내가 살고 있는 이 세상이 어떤 곳인지 다 배울 것이다. 나는 세계 위에 우뚝 설 것이다. 그래서 나는 목포를 탈출할 것이다.

나는 교육대학에 들어가서 초등학교 선생님이 되는 길을 택하지 않았다. 목포를 벗어나 세계로 나가는 나의 꿈과 반대 방향이기 때문이었다.

목포에서 내로라하는 부잣집 자녀들은 초등학교를 마치고 중학교는 서울로 갔다. 그다음으로 부잣집 자녀들은 중학교 졸업 후 고등학교는 서울로 갔다. 나머지 학생들은 고등학교 졸업 후 서울에 있는 대학에 지원했다. 서울행 기차표조차 구하기 어려운 가난한 학생들은 목포에 남았는데, 그중의 한 명이 나였다. 막연하지만 대학만큼은 서울로 가야지 하고 바랐는데, 정작 고 3이 되니 냉정한 현실 앞에 마주 서야 했다. 나의 상황을 곰곰이 생각해보았다.

서울에 있는 대학에 입학시험을 봐서 장학금을 받을 수 있을까? 그것은 확실하지 않다. 서울에 있는 대학에 입학한 뒤 일하면서 학업을 계속할 수 있을까? 혼자서 학비와 생활비를 벌어야 할 텐데, 어려울 것 같다. 어쩌면 잘못된 길로 빠져 나쁜 일을 하게 될지도 모른다. 그것은 정말 아니다. 아무리 내 인생이 뒤쳐질지라도 깨끗하게 살아가자.

나는 결국 목포에 남아 직장 생활을 하는 방향으로 마음을 정했다. 고 3 아이들은 대학 입시를 준비하느라 방과 후에 이과와 문과로 나뉘어 두세 시간씩 더 공부하는데, 나는 진학을 포기했으니 시간이 팽팽 남아돌았다.

직장 생활을 하던 언니에게 취직을 부탁하자 나의 고등학교 성적표를 떼 오라고 했다. 이튿날 교무실에 가서 성적표 사본을 받아 언니에게 건네주었는데, 며칠 뒤 언니가 성적표를 돌려주면서 이렇게 말하는 것이었다.

"많이 생각했는데, 너는 공부해야 하는 아이야. 그러니 계속 공부하도록 해라."

나는 이제 공중에 붕 뜬 신세가 되었다. 진학도 못 하고 취직도 못 하게 되어버린 것이다. 빈둥거리며 지내는 동안 우리 학교에 평화봉사단으로 오신 해밀 선생님과 많은 시간을 보냈다. 해밀 선생님은 몇 달 전 평화봉사단의 일원으로 우리 목포여고에 오신 분이었다. 평화봉사단은 케네디 대통령의 '뉴 프론티어' 정책에 따라 창설된 미국 정부의 자원봉사자 기관으로, 개발도상국에 전문 인력을 보내 그들의 노력을 지원하는 데 목적을 둔 단체였다.

해밀 선생님은 금발에 파란 눈을 가진 미혼의 젊은 여성이었다. 이 선생님은 우리 학교에서 영어회화를 가르쳤다. 방과 후 열린 영어회화반 첫 번째 시간, 학생들이 몰려와서 교실은 설 자리도 없이 빽빽했다. 선생님은 무척 기뻐하면서 열정적으로 영어회화의 기본부터 가르쳤다.

"How are you?"

"How do you do?"

선생님은 얼굴을 학생들 가까이 내밀며 물었다. 그러면 학생들은 "I'm fine, thank you, and you?"라고 말하면 될 텐데 대답 대신에 두려움 반 부끄러움 반의 묘한 표정을 지으며 고개를 획 돌리고는 했다. 영어회화는 관심이 있었지만 학생들은 미국 선생님을 무슨 외계인 보듯 신기해했다. 나중에 선생님은 학생들이 자신을 마치 동물원의 원숭이같이 대한다며 씁쓸해했다.

한 달 뒤 영어회화를 배우겠다고 몰려왔던 학생들은 다 떠나갔고 단 둘만 남았는데, 그중의 한 명이 나였다. 선생님은 자신을 따르는 나를 좋아해서 매일 만나 시간을 보냈다. 그때 선생님과 영어로 대화하는 데 별 어려움이 없었다. 나는 선생님의 입장을 이해했고, 선생님은 이따금 마음을 터놓고 낯선 이국 생활의 어려움을 털어놓기도 했다.

해밀 선생님은 영어회화를 가르치는 것이 주요 임무였는데, 학생들이 죄다 떠났으니 우리 학교에서 할 일이 없어져버렸다. 하는 일 없이 교무실에 앉아 있는 선생님이 딱해 보였다. 선생님은 한국에 와서 유일한 제자가 된 나를 돌봐주려고 애쓰셨다. 하루는 선생님이 내게 서류 한 장을 내밀었다. 나를 위해 가져왔다고 했다.

당시 목포 인근에 거주하는 외국인들이 모두 한자리에 모이는 날이 있었는데, 그 모임에서 해밀 선생님은 목포가톨릭병원부설 간호학교에 관한 정보를 듣고 오셨다. 목포에 1년 전 문을 연 간호학교가 있는데, 입학시험에서 수석한 학생에게 전액 장학금이 주어진다고 했다. 아일랜드에 본부를 둔 성골롬반 외방전교 수녀회에서 설립한 간호학교였다. 선생님이 내민 서류는 그 간호학교 입학원서였다. 돈이 없어 대학 진학을 포기한 속사정을 어떻게 알았는지 내심 놀랐다. 나는 목포에 그런 간호학교가 있는 줄 몰랐다.

나는 해밀 선생님이 가져오신 간호학교의 원서를 받아 작성했다. 많이 망설였다. 그러나 대학도 못 가고 취직도 못 하니 집에서 노는 것보다는 간호학교에 다니는 것이 그나마 좀 나을 것 같았다.

내키지 않는 발걸음으로 입학원서를 들고 담임 선생님의 도장을 받으러 교무실에 갔을 때, 나는 거의 죽음을 대하는 기분이었다. 학교에서는 내가 서울대학교에 들어가서 학교 이름을 빛내기를 바란다는 것이었다. 그런 학생이 목포에 있는 간호학교의 입학원서를 들고 왔으니 선생님의 실망감도 무척 컸을 터였다.

나에게는 너무나도 부끄러운 일이었다. 가난 때문에 겪어야 했던 무수한 일들을 속으로 삼키면서 살아온 나였지만, 간호학교의 입학원서를 내 손으로 제출하는 일은 나의 죽음이나 다름없었다. 자존심이 땅에 떨어진다는 말은 너무 고상한 표현이었다. 나라는 존재는 이제 죽어버렸다는 기분이 들었다. 내가 이렇게까지 될 줄이야…. 물론 교육대학이나 간호학교가 좋지 않다는 뜻이 아니다. 그때 나의 높기만 한 이상과 낮기만 한 현실에서 비롯되는 자존심이 감정을 그런 쪽으로 몰고 갔던 것이다.

먹여주고 가르쳐준 학교의 제의를 거절하다

그러나 나는 마음을 돌려 간호학교의 입시 준비를 시작했다. 반드시 수석으로 합격해야만 공부를 계속할 수 있었다. 전국의 가톨릭계 학생들이 상당수 지원한다고 해서 내가 과연 수석을 차지할 수 있을지 의문이었다.

입학시험까지 3개월이 남았다. 그때까지 팽팽 놀던 나는 마음을 다잡고 공부에 달라붙었다. 공부할 때의 습관대로 노트에 연필로 계속 써댔다. 며칠을 그렇게 하자 오른팔이 벌겋게 부어오르고 아팠다. 그래도 쉴 수가 없었다. 반드시 수석을 해야만 하기 때문이었다.

드디어 합격자 발표가 났다. 25명 합격자 가운데 내가 수석이었다. 나는 기숙사비와 수업료 전액을 장학금으로 받고 공부를 계속할 수 있었다. 학교에서는 매년 1등을 한 학생 1명에게 장학금을 주었는데, 나는 3년 동안 1등을 해서 오로지 장학금으로 공부를 계속할 수 있었다.

학기가 시작되면서 나는 학교에 대해 조금씩 알아갔다. 학교와 수녀원은 가까이 붙어 있었다. 한국인 수녀님 1명, 필리 핀인 수녀님 1명, 영국인 수녀님 1명, 그리고 거의가 아일랜 드 출신 수녀님이었다. 학생들은 대부분 가톨릭 신자였는데, 가끔 가톨릭 행사에 전원 참석하기도 했다.

교재는 한글로 된 책은 한 권도 없었다. 각 과목마다 외국 에서 막 들여온 원서들뿐이었다. 우리는 그 원서로 공부했다. 아무리 중학교, 고등학교 6년 동안 영어를 배웠어도 원서로 공부한다는 것은 예삿일이 아니었다. 학생들뿐만 아니라 한 국인 교수들에게도 엄청난 스트레스였다. 그러나 나에게는 더없이 좋은 기회였다. 3년이 흘러 졸업할 무렵, 나는 영어 원서의 책장을 술술 넘길 수 있었다.

3학년 어느 날, 학교에서 나에게 파격적인 제안을 해왔다. 나를 2년간 해외 유학 보내주는데, 간호학 학위를 받아 온 뒤 2년간 학교에서 가르쳐달라는 것이었다. 생각 끝에 나는 그 제안을 거절했다. 얼마 후 학교에서 다시 제안을 해왔다. 해 외 유학 후 1년만 가르쳐달라고 했다. 그리고 결혼 생활에 지 장이 없도록 배려해주겠다고 덧붙였다. 나는 그것도 마다했 다. 이유는 목포를 벗어나 넓은 세계로 진출하려는 나의 인생 설계와 어긋나는 방향이기 때문이었다.

나는 다시 목포로 돌아오고 싶지 않았다. 또 다른 이유라면 나의 인생을 어떤 제약이나 조건에 속박당하고 싶지 않다는 것이었다. 그즈음 한국 간호사들의 독일 진출이 활발히 이루어지고 있었다. 내 힘으로도 해외로 나갈 수 있는데 왜 그런 계약에 내 인생을 묶어야 하나?

학교는 나에게 3년 동안 장학금을 주고, 먹여주고, 가르쳐주고, 훈련시켜주고, 키워준 은혜를 베풀었으나 고마운 제안을 매정스럽게도 거절하고 나만의 길을 택했다.

—

죽음 후에 무엇이 있는지 꼭 알고 싶었다. 누가 나에게 이 것을 가르쳐줄 수 있을까? 살아 있는 자는 어느 누구도 죽음 후에 무엇이 있는지 알려줄 수 없다. 그러나 신은 나 에게 죽음 후에 무엇이 있는지 알려줄 수 있을 것이다.

2 ——————— 하나님을 찾아서

오빠의 죽음, 그리고 죽음에 대한 생각

"탕탕탕탕…!"

한밤중에 누군가 우리 집 대문을 요란하게 두드렸다.

"대호 어머니, 대호가 죽었어요. 대호 어머니!"

주무시던 아버지, 어머니가 화들짝 놀라 일어나셨다. 시끄러운 소리에 나도 깨어났으나 너무 졸려 다른 방으로 가서 계속 자려 했다. 잠결에 들리는 아버지, 어머니의 비통한 울음 소리…. 나는 생각했다.

'아, 오빠가 정말 죽었나보다.'

내가 고등학교 1학년 때였다. 오빠는 일을 마치고 밤 10시쯤 집에 와서 저녁을 먹고는 곧장 친구 집으로 갔다. 오빠 친구들이 여남은 명 있었는데, 다들 바쁘게 일했기 때문에 가끔 한곳에 모여 어울려 자고 다음 날 같이 일을 나가고는 했다. 그날도 누군가의 집에 모여 밤늦게 잠자리에 들었는데 갑자기 죽었다는 것이었다.

오빠 친구들은 시신을 담요 같은 데 뉘어 네 귀퉁이를 잡고 들고 왔다. 아버지는 혹시나 오빠가 살아날까 오빠의 몸을 만지셨다. 그러나 오빠는 살아나지 않았다.

평온했던 우리 가정이 갑자기 초상집이 되었다. 오빠의 죽은 몸은 큰방의 한켠에 뉘어지고, 조문객들의 울음소리가 이어졌다. 오빠가 죽었는데도 나는 그리 슬프지 않았다. 그때까지 죽음에 대한 상념이 나를 둘러싸고 있었다. 나는 사람은 누구나 죽는다는 것을 알고 있었다. 나무도 죽고 새도 죽고 짐승도 죽는 것처럼 사람도 죽는다. 그러나 그 죽음은 나에게서 멀리 있었고, 나와는 아무 상관이 없는 일이었다. 나는 죽음의 방관자일 따름이었다. 그런데 그 죽음이 나의 가족에게 찾아왔다. 나는 더 이상 죽음의 구경꾼이 아니었다.

죽음이 무엇인가?

죽음이란 게 있고, 죽음이 정말 오는구나.

대체 죽음은 무엇인가?

앞마당에는 오빠의 옷, 소지품, 연애편지 들이 뜨거운 불길 속에서 타올랐다. 나는 오빠가 그 하나하나를 얼마나 아끼고 사랑했는지 알고 있었다. 그러나 죽음이 오니 그것들이 모두 재가 되고 있는 것이다.

죽음이 오면 다 재가 될 것을 왜 사람들은 애착을 가지며 살아가고 있나? 죽음이 어느 때 갑자기 온다는 것을 알면 굳이 힘들게 살아야 할 필요가 있는가? 내가 힘들게 공부할 필요가 있는가? 돈을 더 벌겠다고 속이고 속고, 밀고 당기면서 싸울 필요가 있는가?

사람들이 치고받으며 싸우는 것은 죽음이 온다는 것을 인식하지 못하기 때문이다. 죽으면 그 모든 것을 잃고 그 모든 것이 재가 된다는 것을 모르기 때문이다. 죽음이 갑자기 온다는 것을 알면 굳이 남을 속이거나 해치려 들지 않을 것이다. 어쩌면 오빠도 죽음이 가까이 온 것을 알았으면 다른 삶을 살았을지 모른다.

죽음이 무엇인가?

이런 것을 생각하면서 나는 슬픔을 절감하지 못했다. 죽음이 무엇인지 알아야 했다. 그런 나의 모습을 보고 꾸짖는 사람도 있었다. 오빠가 죽었는데도 애통해하지 않았으니까.

사흘째 되던 날, 시신을 공동묘지로 옮겨 땅에 묻는 시간이었다. 그날도 나는 오빠의 시신 곁에 앉아 죽음에 대해 생각했다. 이제 경직이 와서 몸이 딱딱하게 굳어 있었다. 손가락으로 오빠의 배를 눌러보니 마치 돌덩이 같았다. 피부는 검푸른빛으로 변했고 냄새도 났다. 나는 생각했다.

'이 시신은 오빠가 아니다. 썩어가는 몸이지 나를 보며 웃고 말하던 살아 있는 그 오빠가 아니다. 아, 오빠는 자기 몸은 여기에 두고 어디로 갔나? 나를 보고 웃고 말하던 그 살아 있는 오빠는 어디로 갔나?'

그 순간 나는 죽음의 정의를 깨달았다. 죽음은 생명과 육체의 결별이었다. 생명과 육체의 결별이 오빠에게 온 것이다. 그러면 육체는 여기에 있는데 살아 있는 오빠는 어디로 갔나? 죽음 후에는 무엇이 있나? 크리스천은 죽음 후에 천국과 지옥이 있다고 믿는다는데 사실인가? 그것이 사실이면 오빠는 지옥에 갔다는 말인가? 우리 식구들이 죽으면 다 지옥에 간다는 말인가? 우리 가족은 무신론자였다.

나의 내면에는 은근히 크리스천을 꺼리는 미움이 잠재해 있었다. 목사나 장로라는 이가 무슨 잘못이라도 저지르면 내심 좋아했다. 기독교를 공격하고 빈정댈 수 있는 거리가 생기기 때문이었다. 그런데 이제 나는 크리스천들이 믿는 죽음 후의 천국과 지옥에 관해 큰 관심을 가지게 되었다.

나는 죽음 후에 무엇이 있는지 꼭 알고 싶었다. 누가 나에게 이것을 가르쳐줄 수 있을까? 아무도 죽음에서 돌아올 수 없다. 살아 있는 자는 어느 누구도 나에게 죽음 후에 무엇이 있는지 일러줄 수 없다. 그러나 신은 나에게 죽음 후에 무엇이 있는지 알려줄 수 있을 것이다. 그래서 나는 신을 만나야겠다고 결심했다.

죽음에 대해 이만큼 정리가 되니 오빠에 대한 슬픔이 한꺼번에 몰려와서 나는 3일 만에 목놓아 울었다.

열일곱, 하나님을 찾으러 나서다

내가 하나님을 만나기로 결심한 것은 고등학교 1학년, 그러니까 17세 무렵이었다. 하나님을 찾으러 어디로 가야 할까? 나는 하나님이 종교에 있을 것이라고 생각했다. 그래서 먼저 여러 종교에 대해 알아보기로 작정했다.

먼저 불교는 제외했다. 불교는 인간이 도를 닦는 종교로 보여 신이 있는 곳이 아닌 것 같았다.

다음으로 우리 반 동급생 2명이 다니는 교회는 제외했다. 이 두 학생은 자기 교회를 학생들에게 열심히 전도했기에 어느 정도 알고 있었다. 두 학생은 말과는 달리 아주 이기적이어서 손해 볼 만한 일은 손톱만큼도 하지 않았다. 말세가 온다고 떠들고, 사회적인 문제를 일으키는 종교의 신도도 있었다. 나는 진정으로 하나님이 있는 교회는 그렇지 않을 거라 생각했다. 학교에서 그들 얼굴을 보는 것도 지겨운데 일요일에 예배당까지 가서 또 만나고 싶지 않았다.

마침내 나는 어떤 교회에 나가게 되었다. 어떻게 해서 그 교회를 선택하게 되었는지는 기억나지 않는다. 남자 교인으로부터 그 교회의 교리를 배웠다. 기독교의 일반적인 성경과는 다른 자기들만의 성경을 가지고 있었는데, 그것을 사라고 해서 없는 돈이지만 얼마를 내고 샀다. 일주일에 한 번씩 그 교회에 나가 가르침을 받았다.

세 달 정도 지났을 때였다. 그날도 나는 교복 차림으로 성경을 손에 들고 건물 2층에 있는 예배당으로 갔다. 문은 열려 있었지만 안에는 아무도 없었다. 양쪽으로 긴 의자들이 줄지어 놓여 있고, 가운데 사람이 다닐 수 있는 통로가 나 있었다. 서너 개의 작은 방이 왼편 벽 쪽에 붙어 있는데, 그중 한곳에서 선생님을 만나 성경 공부를 하고는 했다.

입구에서부터 몇 걸음 걸어 들어갈 때였다. 방 쪽으로 몸을 돌리기 직전 누가 말하는 것이었다.

"이곳은 사교(邪敎)다!"

순간 온몸에 소름이 쫙악 끼쳤다. 급히 몸을 돌려 문밖으로 뛰쳐나와 정신없이 계단을 내려왔다. 길 한가운데에 서서 잠시 숨을 돌렸다. 햇빛이 쨍쨍 내리쬐는데 두 팔의 솜털이 꼿꼿이 서 있는 것 같았다.

고등학교 1학년, 무신론자이던 나는 오빠의 죽음 이후 하나님을 찾기 위해 여러 종교를 알아보겠다고 작정했다. 사교라는 게 있다는 생각은 미처 못 했는데, 나도 모르게 거기에 빠져들 뻔했던 것이다. 분명 그곳에는 아무도 없었는데 "이곳은 사교다!"라고 말하신 분은 누구였을까?

그다음으로 하나님을 만나기 위해 또 한 교회를 찾아갔다. 나는 주일이면 맨 뒷줄에 앉아서 예배를 본 뒤 끝나자마자 몰래 빠져나오고는 했다. 목사님이 설교에서 무슨 말씀을 하시는지 알 수 없었다. 그러나 나는 하나님을 만나려고 계속 주일 예배에 나갔다.

교회에 나가 예배에 참석할수록 거부감이 느껴졌다. 사람들이 웃는 게 싫었다. 무엇이 그리 좋다고 싱글벙글하는지 몰랐다. 나는 하나님을 만나지 못해 속이 타는데 그들의 웃음이 싫기만 했다. 또 교인들에게서 이중성을 보았다. 교회에 와서는 신실한 신도이다가 밖에 나가면 보통의 세상 사람, 어쩌면 그보다 더 이기적으로 변하는 것처럼 비쳤다. 그런 사람들을 교회에서 만나야 한다는 것이 피곤했다.

8개월쯤 지났을 때였다. 예배가 끝나고 광고 시간이었다.

"생일을 맞으신 분이 떡을 준비했습니다. 그냥 가시지 마시고 모두 식당에 들러 떡을 드시고 가시기 바랍니다."

그 안내의 말을 듣고 참았던 분노를 혼자 터트리고 말았다. 나는 속으로 소리쳤다.

'뭐라고? 나한테 떡을 먹으라고? 내가 떡을 먹으러 여기 온 줄 알아? 나는 하나님을 찾으러 왔어! 너희는 하나님은 보여주지 않고 떡을 먹으라고? 너희가 믿는 하나님을 보여줘! 나에게 너희가 사랑하는 그 하나님을 보여달란 말이야!'

그날로 그 교회와 이별했다.

목포여자고등학교에서는 상위 20명 학생에게 장학금을 주었다. 전교 20등 안에만 들면 장학금을 받을 수 있었기에 공부에 좀 여유를 갖게 되었다.

그때까지 하나님을 찾지 못한 나는 그저 장학금을 받을 정도로만 공부했으니 예전에 비해 성적이 떨어질 수밖에 없었다. 몸이 많이 쇠약해졌다. 부모님은 나를 폐결핵 전문 병원에 데려가셨지만 이상이 없다고 했다. 사과 한 상자를 사서 아무도 못 먹게 하고 나만 하루 한 개씩 먹었다.

나는 철학자 데카르트가 하나님을 인정했다는 얘기를 주워듣고는 헌책방을 뒤져 낡은 데카르트 책 한 권을 샀다. 다

읽어봤는데, 하나님을 인정했다는 사람의 글이 왜 그리 시시하던지. 괜히 귀한 돈만 내버렸다 싶었다.

아직은 소녀였으나 나는 어떠한 역경도 헤쳐 나갈 수 있는 결단력과 실천력을 가졌다고 믿으며 살았다. 한다면 한다는 것이 생활 신조였다. 그러나 하나님 찾는 일은 내가 그때까지 직면한 가장 어려운 과제였다. 도대체 어떻게 하면 하나님을 만날 수 있을까? 나는 기어코 하나님을 찾아야 했다. 그래서 죽음 후에 올 일을 이 세상에서 미리 대비하려 했다.

어디에서도 만나지 못한 하나님

그렇게 시간이 흘러 고등학교를 졸업하고 간호학교에 들어갔다. 집을 떠나 기숙사 생활을 시작했다. 나는 가톨릭 교회에서 하나님을 찾기 시작했다. 하라는 대로 다했다. 하루에 세 번 묵주를 들고 기도했다. 또 성당에 가서 성모마리아상 앞에 무릎을 꿇고 침묵 기도도 했다.

하얀 미사포를 쓰고 미사에 참석했다. 아직은 영세를 받은 신도가 아니었기 때문에 성찬식은 그냥 구경만 했다. 교리문답에 빠짐없이 참석했다. 공부는 주로 외우는 일이었는데, 외우는 거라면 자신 있어서 모두 다 외워버렸다.

눈보라가 몰아치는 겨울이었다. 기숙사는 언덕 중턱에 있었고 성당은 언덕 꼭대기에 있었는데, 나는 교리문답 공부에 참석하러 언덕 위로 걸어 올라갔다. 눈보라가 어찌나 거센지 걸음을 옮길 때마다 아래로 밀려 내려가는 것 같았다. 눈보라와 싸우면서 마침내 언덕 위의 성당에 도착했다. 문을 열고 들어가 보니 아무도 없었다. 선생님도 오시지 않았다. 나 혼자 눈바람을 헤치고 올라온 것이었다.

그렇게 열심으로 교리문답을 공부했는데도 나는 하나님을 만나지 못했다. 친구들이 나더러 영세를 받으라고 했으나 썩 내키지 않았다. 나는 아직 마음으로 하나님을 믿지 않았다. 믿지 않으면서 어떻게 믿는다고 고백을 한단 말인가? 그러자 친구들은 내가 영세를 받으면 하나님이 그것을 보시고 나에게 믿음을 주실 거라고 말했다.

영세 받을 때 하나님을 믿는다고 고백한다. 그런데 나는 하나님을 믿지 않았다. 하나님을 믿고 싶으나 믿어지지 않는 것이었다. 내 마음은 텅 비어 있었고 차가웠다. 그런데 영세 받자고 하나님을 믿는다는 고백을 하면 거짓이 아닌가? 나보고 신앙생활을 거짓말로 시작하라고? 나는 내 두 눈으로 하나님을 봐야 하나님을 믿을 터였다.

나는 가톨릭 교회와 깨끗한 결말을 맺고 싶었다. 그래서 신부님을 찾아갔다. 신부님은 외국 분이시기에 영어로 대화

했다.

"Father, where is God?"

하나님이 어디 계시냐고 묻자 신부님이 대답했다.

"God is everywhere. He is in you, in here(the space between him and me) and in me."

하나님은 어디에나 계시는데, 네 안에, 여기 너와 나 사이, 그리고 자기 안에 계신다고 했다. 나는 말했다.

"Maybe God is in you, but not in me."

어쩌면 하나님이 신부님 안에 계실지 모르지만, 내 안에는 안 계신다고 내가 말했다. 그것으로 나는 또 하나님을 만나지 못하고 가톨릭 교회를 떠났다.

다른 사람들은 어떻게 하나님을 만났나 하는 간증들을 찾아 읽기 시작했다. 컴퓨터가 없던 시절이라 주로 신문이나 잡지 같은 데 실린 간증담이었다. 그중 제일 많은 것이 감옥에 있을 때 하나님을 만났다는 이야기였다.

감옥? 나도 거기 가서 앉아 있어 볼까? 무엇을 하나 훔치면 잡혀서 감옥에 들어가겠지. 하지만 우리 부모님에게 큰 상처를 입힐 것 같아 실행할 수 없는 일이었다.

내가 하나님을 찾아야겠다고 마음먹은 뒤 6년의 세월이 흘렀고, 나는 이제 하나님은 없다고 스스로 결론지었다. 크리스천들은 하나님이 없는데도 있는 척하는 사람들이라고 여겼다. 나는 중대한 결단을 내려야 했다. 하나님이 없는데 있는 척하면서 교회를 다닐 것인가? 아니면 그냥 무신론자로 살 것인가? 양자택일의 갈림길이었다. 하나님이 없는데 있는 척하면서 사는 크리스천들이 그래도 무신론자들보다는 좀 더 선하고 친절한 사람들인 것 같았다.

나는 이 문제를 아버지께 말씀드리고 상의했다. 아버지는 크리스천이 되려거든 가톨릭이 좋지 않겠느냐고 하셨다. 이유는 신부나 수녀 들이 결혼도 하지 않고 희생적인 종교 생활을 하는 것을 보면 가톨릭이 더 진짜 같아 보인다는 얘기였다. 아버지는 목사들의 비행에 대해서는 보고 들어서 알고 계셨으나 신부들에 대해서는 잘 모르셨다. 뉴스에 오르는 것은 알고 그렇지 않은 것은 모르는 수밖에….

하나님, 절대로 술을 마시지 않겠습니다

이 세상에 하나님은 없다는 생각이 드니 마음이 한결 자유로워졌다. 술을 마시기 시작했다. 담배도 시도했으나 연기가 목구멍에 걸려 피우고 싶지 않았다. 술은 먼저 맥주 한 컵으로 시작했다. 한 컵이 두 컵 되고, 세 컵 되고, 금세 한 병으로 늘었다. 이내 소주로 바뀌었고 곧 중국집 배갈, 그러니까 독

주인 고량주로 옮겨 갔다. 돈이 들어가니까 나중에는 값싼 막걸리를 주로 마시게 되었다.

거의 매일 술을 마셨다. 술을 마시지 않는 날은 손이 떨리고 마음이 불안해서 도무지 공부를 할 수 없었다. 간호학교 기숙사 바로 앞에 구멍가게가 있었는데 거기에서 막걸리 대포를 팔았다. 한 사발을 들이켜고 나면 손떨림이 멈추고 마음도 안정되었다.

나는 급히 알코올에 중독되어가고 있음을 스스로 느꼈다. 그래서 얼른 술을 끊어야겠다고 생각했다.

'오늘은 마시지 말자.'

그렇게 결심하고 참으려 애썼다. 손은 떨리고 마음은 몹시 불안했으나 마시지 않으려고 버텼다. 그러나 몸이 뜻대로 말을 듣지 않았다. 참고 참다가 기숙사 문이 닫히기 5분 전에 총알같이 튀어나가 구멍가게 아저씨한테 돈을 흔들어 보이며 "아저씨, 빨리!" 하고 외치면 재빨리 막걸리 한 사발을 내주었다. 나는 선 채로 단숨에 꿀꺽꿀꺽 마신 뒤 사감이 문을 잠그기 직전에 바람같이 기숙사로 돌아왔다.

술을 끊으려고 여러 차례 시도했으나 매번 실패로 돌아갔다. 나는 의지로, 결단력으로 내가 하고 싶은 것들을 이루어왔기에 술도 스스로의 힘으로 극복해낼 수 있을 거라 믿었다.

그러나 의지만으로 술을 끊기란 여간 어려운 일이 아니었다. 술을 바라는 몸 앞에서 나의 의지는 지푸라기같이 연약했다. 중독이라는 말의 의미를 이해하게 되었다. 인생을 제대로 펼쳐보지도 못하고 알코올중독으로 망하게 되다니, 참으로 기가 막힐 노릇이었다.

취미를 찾아 관심을 다른 쪽으로 돌리자고 작정했다. 마침 간호학교 친구의 권유도 있고 해서 사교댄스를 배워보기로 했다. 수업을 마치고 몇 번 강습을 받았는데 그런대로 재미가 있어 술 생각을 잠시나마 떨쳐낼 수 있었다.

친구와 함께 춤을 배우러 간 어느 날이었다. 그날은 춤 연습은 하지 않고 술자리를 벌여놓고 있었다. 그 자리에 은행원이라는 남자도 있었다. 내 의지와는 다르게 술잔이 몇 차례 돌았다. 그러던 어느 순간 두 남자가 느닷없이 행동했다. 먼저 은행원이라는 남자가 친구를 데리고 밖으로 나갔다. 이어 춤 선생이 나를 붙들고 밖으로 나왔다. 창피해서 소리를 지를 수도 없었다. 그는 나를 납치하다시피 택시에 태워서는 해수욕장 근처에 있는 여관으로 끌고 갔다.

나는 호랑이 굴에 물려 가도 정신만 차리면 산다는 말을 속으로 되뇌었다. 여관 직원이 우리가 들어가자 곧바로 문을 닫아 걸었다. 나는 그가 어떻게 문을 잠그는지 주의 깊게 보왔다. 두 쇠막대기를 옆으로 미는데, 하나는 문 손잡이 쪽에 있고 다른 하나는 좀 더 위쪽에 있었다.

춤 선생이 카운터에서 직원과 뭐라고 이야기를 나누는 사이 몸을 돌렸다. 살그머니 문 쪽으로 가서 눈여겨봐둔 두 쇠막대기를 차례로 밀었다. 문이 열렸고, 나는 뒤도 돌아보지 않고 뛰기 시작했다.

밖은 어두웠는데 큰 도로로 나서면 붙잡힐지도 몰라 무작정 산 쪽을 향해 내달렸다. 캄캄한 산기슭에서 돌뿌리에 걸려 넘어지고 가시덤불에 찔려 자빠지면서도 죽기 살기로 도망쳤다. 숨이 턱까지 차올랐다. 한참 달리다가 걸음을 멈추고 귀를 기울이니 사방이 고요했다. 쫓아오는 발소리가 들리지 않아 탈출에 성공했다고 생각했다. 긴장이 풀린 탓인지 나는 그자리에서 쓰러져 잠이 들고 말았다.

차가운 느낌에 문득 깨어보니 내가 내뱉은 토사물 위에 얼굴이 얹혀 있었다. 술 냄새가 확 끼쳐왔다. 검은 하늘에는 수없이 많은 별이 반짝이고 있었고, 멀리 해변에서는 파도 소리가 쉼 없이 밀려오고 있었다. 산기슭은 여기저기 흰눈이 쌓여 있었고, 겨울나무의 잔가지들이 바닷바람에 가볍게 흔들리고 있었다. 너무나 아름다웠다. 자연은 이렇게 아름다운데 인간은 이토록 악하고 추했다.

바다로부터 불어오는 겨울바람이 포근하게 느껴졌다. 사실 나는 동사 직전이었다. 아주 추운 겨울밤의 산속이었는데 감각을 잃어버려 추위를 느끼지 못하고 오히려 따뜻하게 느끼고 있었던 것이다.

애써 정신을 차렸다. 술을 마시고 토한 뒤 그 위에서 잠들어 있던 나 자신을 내려다보았다. 나는 너무나 추한 사람이었다. 여태까지 나는 스스로를 높이 평가해왔다. 그러나 그 순간 나의 추함을 똑똑히 목격하게 되었다. 나는 믿지도 않는 하나님께 맹세했다.

'하나님, 이제는 절대로 술을 마시지 않겠습니다.'

방향감각을 잃어 산 위로 올라가 멀리 도시의 불빛을 따라 하산했다. 기숙사로 갈 수도 없고 집으로 갈 수도 없어 친구의 자취방으로 갔다. 내 모습을 보고 깜짝 놀란 친구는 나를 아랫목에 누인 뒤 이불과 담요를 겹겹으로 덮어주었다. 온몸이 가눌 수 없을 정도로 떨려왔다.

나는 그날 이후 50년이 넘는 오늘날까지 술을 마신 적이 없다. 술 냄새조차 너무 싫었다. 모임에서 건배는 맹물로만 했다. 하나님께서 나의 맹세를 받으시고 내가 그 맹세를 지킬 수 있도록 도와주신 것이다. 그 뒤로 춤도 추지 않았다. 술과 춤, 이 두 가지 때문에 인생이 아주 망할 뻔했으니 술과 춤을 내 삶에서 완전히 제거해버렸다. 나는 그 위험천만했던 경험을 통해 남자에 관해 생각하게 되었다. 야생의 본능과 관련한 이야기를 들은 적이 있었다.

러시아의 한 남자가 숲 가에서 어슬렁거리는 아기 곰을 발견했다. 어미를 잃은 것으로 보여 아기 곰을 집으로 데려와 길렀다. 아기 곰은 남자를 어미인 양 잘 따랐고, 떼려야 뗄 수 없는 가족처럼 지냈다. 시간이 흘러 아기 곰은 덩치 큰 어른 곰이 되었다. 그러던 어느 날 남자는 자신이 기른 그 곰이 휘두른 앞발에 맞아 그만 죽고 말았다. 곰 안에 잠재해 있던 야생의 본능이 튀어나온 것이었다. 야생의 본능은 잠시 숨어 있을 뿐이지 아주 사라진 것은 아니었다.

남자에게도 이 같은 일면이 있다는 생각이 들었다. 남자는 교육으로, 도덕으로, 법으로 잘 성장할 수 있다. 그러나 야생의 본능은 그 안 어딘가에 숨어 있는 것이지 완전히 사라지는 것은 아니다. 깊은 곳, 어두운 곳, 아무도 없는 외진 곳에 남게 되면, 그리고 많은 재력과 권력을 쥐고 남을 억누를 수 있는 힘을 가지게 되면 내부에 잠재해 있던 야생의 본능이 어느 순간 돌출하는 수도 있다.

가족이든 친인척이든 이웃이든 타인이든 마찬가지다. 여기에는 특정한 직업 또는 전문 분야를 따질 일이 없다. 어떤 일을 하고 있든지 예외가 없다. 모든 남자에게는 그런 야생의 본능이 잠재되어 있다는 것을 알고 있을 필요가 있다. 그래야 어느 순간 돌발적으로 튀어나올지 모르는 폭력적인 야생의 본능에 대처할 수 있다는 것이 내 생각이었다.

간호학교 졸업 후 무직자로 지내다가 서울로

간호학교를 졸업했으나 나는 무직자로 남아 있었다. 간호사로서 일할 마땅한 자리를 얻지 못했던 것이다. 나보다 성적이 좋지 않은 동창생들도 모두 취직을 한 상태였다. 가톨릭 신자인 그들은 목포나 서울에 있는 가톨릭 계열의 병원에 들어가 일하고 있었다.

그때까지 나는 학교 시스템 속에서 지내왔다. 학교 시스템이 어떻게 돌아가는지는 잘 알았고, 그 속에서 늘 승자가 되었다. 공부만 열심히 잘하면, 일등만 하면 모든 것이 최상으로 주어졌다. 나는 사회도 학교 시스템의 연장선 위에 있는 줄 알았다. 그러나 졸업 후 사회로 진출하게 되었을 때, 나는 높은 벽을 실감했다. 취업이 거부될 때마다, 그래서 좌절할 때마다 사회 시스템은 학교 시스템과 다르다는 것을 뼈저리게 깨달았다.

사회는 내가 학교에서 공부를 얼마나 열심히 했는지, 얼마

나 잘했는지 별 관심이 없었다. 내 성적표에 A가 얼마나 많은
지 알고 싶어하지 않았다. 그렇게 자랑스러웠던 내 성적표를
눈여겨보는 곳이 한 군데도 없었다. 사회는 사회대로의 시스
템이 따로 있었는데, 그것은 연줄연줄로 이어지는 특이한 조
합이었다. 사람들은 그 연줄을 잡으려고 뇌물을 쓰고 아양을
떨기도 했다. 나중에는 교회 안에서도 그런 모습을 보게 되었
다. 나도 이 사회에서 살아가기 위해 뇌물을 쓰고 아양을 떨
어야 하나? 뇌물을 바치자니 돈이 없고, 아양을 떨기에는 몸
이 너무 뻣뻣했다.

　나는 배신당한 기분이었다. 흙수저로 태어나 죽기 살기로
공부하면서 인생을 바꾸어보려 애썼는데 무용지물이라니….
이제 연줄연줄로 연결된 사회에서 붙잡을 줄이 없어 무직자
로 혼자 남게 된 것이었다. 학교 우등생이 사회 꼴등생이라는
달갑지 않은 말이 아주 틀린 게 아니었다.

　나는 친구를 따라 서울대학병원 조산원 훈련생으로 들어
갔다. 1년 코스였는데, 무보수였지만 적어도 1년간 잠잘 곳과
먹을 것은 해결된 셈이었다. 서울의 병원에 취직한 동창생들
은 매달 월급을 타서 넉넉하게 지내는데 나는 버스비조차 없
었다. 기숙사 식단은 거의 고정이었다. 밥, 깍두기, 콩나물….
나는 1년 동안 그것만 먹으며 살았다. 그러나 일단 목포를 벗

어날 수 있다는 것이 조그만 위로가 되었다.

내 삶이 내려갈 대로 내려간 것 같은 기분이었다. 당시 우리나라는 어느 직장이든 주 6일 근무였다. 월요일부터 금요일까지는 정상적으로 일하고 토요일은 대개 오전 근무였다. 그래서 토요일을 반은 쉰다고 해서 '반공일(半空日)'이라고 부르기도 했다. 일요일 하루만 온전한 휴일이었다. 병원의 간호사 근무도 마찬가지였다.

일주일에 하루 있는 휴일인데도 일요일이 그리 달갑지 않았다. 나는 일요일 하루를 혼자 쓰는 기숙사 이층 침대에서 보냈다. 용돈이 없어 외출할 수 없으니 그저 침대에서 뒹굴며 지낼 수밖에 없었다. 같은 자세로만 누워 있으면 머리와 고개가 아파 한두 시간은 오른쪽으로, 다음 한두 시간은 왼쪽으로, 그 다음 한두 시간은 반듯하게 누워 머리가 바닥에 닿는 면을 바꾸어가며 지냈다.

내 인생이 말 그대로 썩어가는 느낌이었다. 이러려고 그렇게 힘들게 공부했나? 이게 뭐야? 먹고 자고 일하고, 먹고 자고 일하고, 먹고 자고 일하고…. 사는 것이 허무하고 무의미하게 여겨졌다.

사는 것이 무엇인가? 이런 것이 사는 것인가?

이것은 고인 물 인생이다. 나의 삶이 고인 물처럼 썩어가고 있다. 삶이란 온 힘을 다 쏟고, 온 정열을 다 퍼붓고, 죽기 살기로 투쟁하면서 자신이 바라는 값진 것을 쟁취해 나갈 때 가장 빛나는 것이 아닐까? 나는 그렇게 살고 싶었다. 그런 삶을 내가 어디에서 찾을 수 있을까?

얼떨결에 시작한 성경 공부

서울대학병원 간호사 기숙사에는 200여 명이 생활하고 있다고 들었다. 오가는 길에 자주 마주치기에 누가 누군지 차츰 알게 되었다. 그 가운데 낯익은 한 간호사가 나에게 다가와 말을 걸어왔다.

"저, 성경 공부 하시겠어요?"

"어⋯ 네⋯."

얼떨결에 그렇게 대답했다. 이제 종교에서 손을 뗀 상태여서 딱히 성경 공부를 하고 싶은 마음이 없었는데 '아니오' 대신 '네'라고 말해버린 것이었다. 그 일이 있은 다음부터 그녀는 나만 보면 활짝 웃으며 언제부터 성경 공부를 할 거냐고 물었다. 나는 그녀를 피해 다녔다. 세 달쯤 그렇게 지냈다.

하루는 그 간호사가 기숙사 출입문에 들어서는 것이 눈에 띄었다. 복도가 상당히 길었는데, 나는 급히 화장실로 피했다. 열 개쯤 되는 칸막이 안에 들어가 문을 잠그고 한참 동안

서 있었다. 이제 그녀가 갔으려니 생각하고 화장실 밖으로 나왔다. 그런데 웬걸? 문을 열고 나가자 복도 한켠에 서 있다가 환한 얼굴로 나를 반겼다. 내가 나올 때까지 기다리고 있었던 것이다. 좀 민망했지만 가볍게 인사를 건네고는 곧장 내 방으로 올라갔다.

나는 이 상황에 대해 곰곰이 생각했다. 어쩌다 이런 일이 생겼나? 저 간호사가 마치 스토커 같아 피곤하다. 나는 그저 마음 편히 자유롭게 살고 싶다. 사태의 발단은 성경 공부를 하자는 권유에 "네"라고 대답한 데 있었다. 나에게도 잘못이 있다. "네"라고 했으면 그 말을 지켜야지, 그렇지 않으면 거짓말한 게 되지 않나? 거짓말은 안 된다.

좋은 아이디어가 떠올랐다. 성경 공부를 딱 한 번만 하자. 그러면 나는 내 말을 지키는 것이 되고, 그 뒤에 그만두겠다고 분명히 밝히면 된다. 그러면 은근히 부담을 주던 스토커도 떨어져나갈 것이다.

날을 잡아 그 간호사의 기숙사 방에서 성경 공부를 했다. 그녀의 성경을 빌려 보며 마가복음 1장을 읽고 문제지에 나와 있는 질문에 답하면서 공부했다. 약속을 지킨 셈이었다. 그러나 이제 그만두겠다는, 앞으로 성경 공부를 하지 않겠다는 말이 입밖으로 나오지 않았다. 나는 아무 말도 못하고 그

방을 나오고 말았다.

그렇게 며칠이 지났다. 근무가 끝나고 기숙사로 들어가 긴 복도를 따라 걷는데 문득 성경을 읽고 싶다는 생각이 들었다. 그냥 스치는 느낌이 아니고 간절한 감정이었다. 그러나 내게는 성경이 없었다. 마음 한켠에서 '없으면 빌리면 되지' 하는 생각이 일었다. 이내 다른 한켠에서 '빌리면 안 돼' 하는 생각도 일었다. 무엇이든 빌리면 안 된다는 것은 그때까지 나의 생활신조였다. 빌린다는 것은 결코 바람직한 일이 아니라고 여겼다. 헌것을 빌려서 자칫 망가뜨리기라도 하면 새것을 구해 줘야 하고, 잃어버리거나 도둑맞아도 새것을 구해 줘야 하니 어차피 빌리는 것은 손해인 것이다. 없으면 없는 대로 지내라, 그때까지 나는 그렇게 살아왔다.

그런 나의 인생 지침대로라면 '성경이 없으면 빌리지 말고 읽지 마' 쪽으로 가는 것이 맞았다. 내 마음 한켠에서 '빌려도 괜찮아' 하는 소리와 다른 한켠에서 '빌리지 말고 읽지 마' 하는 소리가 오락가락했다. 머릿속에서 그런 대화가 오가다가 마침내 '성경이 없으면 빌려서 읽으면 되지' 하는 편이 우세하여 발걸음은 곧장 성경 공부 선생인 그 간호사 방으로 향했다. 방문을 두드리니 잠옷 차림의 그녀가 눈을 비비며 문을 열어주었다. 야간 근무를 마치고 와서 잠들었다고 했다.

"성경 좀 빌려주세요."

나의 간호사 성경 공부 선생은 몸을 돌려 책상 위에 놓인 성경 세 권을 두 손에 받쳐 들고 와서는 그중 하나를 고르라고 했다. 나는 대, 중, 소 가운데 중간 크기의 성경을 집었다. 그러고는 그것을 들고 내 방으로 왔다.

성경을 읽으면서 어쩌다 마주친 귀신

책상 앞에 앉아 성경을 펼치는데 어디서부터 읽어야 할지 도무지 막막했다. 처음부터 읽나? 뒤쪽부터 읽을까? 혼자서 성경을 읽는 것은 처음이었다.

나는 며칠 전 성경 공부 때가 생각나서 마가복음부터 읽기로 했다. 1장 1절부터 읽어 내려가는데 21절부터 27절에서 꽉 막혀 더 이상 나아가지 않았다.

사람 안에 귀신이 있다는 것이다. 사람 안에 귀신이 있다는 것은 예삿일이 아니다. 매우 심각하다. 나는 교회 리더가 쓴 강의안을 읽었다. 그는 이 부분을 대충 두루뭉술하게 써놓은 것 같았다. 알면 분명히 밝히고 모르면 모른다고 써야 맞지, 안다는 것도 아니고 모른다는 것도 아닌 모호한 표현은 잘못이다. 나는 강의안을 쓴 이가 거기에 대해 잘 모르는 모양이라고 결론 내렸다.

사람 안에 정말 귀신이 있을까, 없을까 생각해보았다. 성경이 픽션이라면 사람 안에 귀신은 없다. 그러나 성경이 논픽션이고 진리의 책이라면 사람 안에 귀신은 있다. 아버지는 내가 어릴 때 "귀신은 없다"라고 일러주셨다. 내 눈에 보이는 것, 내가 볼 수 있는 것만이 실제로 존재한다고 내게 분명히 말씀하셨다.

나는 마가복음 1장 21절부터 27절까지 반복해서 읽었다. 거의 외우다시피 했다. 그래도 사람 안에 귀신이 있는지 없는지 알 수 없었다. 하지만 포기하지 않았다. 나는 꼭 알고 싶었다. 그 답을 확실히 알 수 있는 방법이 한 가지 있다는 생각이 들었다. 나는 그 방법을 쓰기로 했다. 그것은 바로 저자에게 직접 묻는 일이었다. 저자는 자기가 무엇을 어떻게 썼는지 잘 알고 있을 터였다.

나는 두 손을 마가복음 1장 21절부터 27절 위에 얹고는 눈을 감고 간절한 마음으로 저자에게 물었다.

"신이시여, 이 성경을 쓰신 신이 계시다면 제 질문에 답해주십시오. 사람 안에 귀신이 있다고 적혀 있는데, 그것이 무엇인지 대답해주십시오."

무신론자의 간절한 기도였다. 짧은 시간이었지만 온 힘을 다해 기도했기 때문에 몸 안의 기운이 빠져나가 축 늘어지는 것이었다. 나는 침대로 가서 엎드리고는 베개에 얼굴을 파묻었다. 침대 전체가 핑 도는 것을 느꼈다. 나는 그대로 눈을 감았다. 문득 천장 네 모퉁이에서 귀신들이 줄을 지어 들어오고 있었다. 귀신들은 기숙사 건물의 두꺼운 콘크리트 벽을 자유자재로 통과했다. 그 귀신들은 영(靈)이었다. 한쪽 모퉁이에서 한 무리가 한 줄로, 다른 모퉁이에서 또 한 무리가 한 줄로, 그렇게 방 천장의 네 모퉁이에서 네 무리의 귀신들이 나의 등을 향해 내려오고 있었다. 이들은 와글와글 시끄러운 소리를 내며 몰려왔다.

나는 너무 무서워 '엄마!' 하고 소리치려다가 얼핏 엄마는 목포에 계시고 나는 서울에 있으니 엄마가 나를 도와줄 수 없을 거라는 생각이 스쳤다. 너무 급해서 믿지도 않는 주님을 찾았다. 나도 모르게 "주님, 예수님, 주님, 예수님!"을 반복해 불렀다. 그러자 내 등 가까이 내려온 귀신들이 혼비백산하여 도망쳤다. 자기들이 내려온 천장의 각 모퉁이 쪽으로 정신없이 날아가더니 벽을 통해 사라졌다. 나를 향해 다가올 때는 천천히 와글와글 시끄럽게 떠들어댔는데 도망칠 때는 마치 스피드 스케이트 선수가 빙판을 내달리듯 직선으로 미끄러져 나가는 모습이었다.

귀신들이 모두 떠나가자 공포에 질렸던 내 마음에 평화가

왔다. 그 평화는 깊은 바닷속처럼 무척이나 고요했다. 아까와는 너무나도 대조적인 변화였다.

내가 잠시 평화를 누리는 동안 귀신들이 다시 천장의 네 모퉁이에서 나오기 시작했다. 귀신들은 예수님 이름이 들리지 않자 다시 활동을 개시한 것 같았다. 귀신을 보자 평온했던 마음이 소란해지면서 공포심에 휩싸였다. 나는 "주님, 예수님, 주님, 예수님"을 불렀다. 처음에는 너무 무서워서 다급하게 불렀지만, 이번에는 믿음을 가지고 자신 있게 불렀다. 귀신들은 '예수님'이라는 이름을 듣자마자 다시 초스피드로 미끄러지며 천장 모퉁이로 부리나케 달아났다.

나는 일어나 침대 위에 앉았다. 방금 영(靈)의 세계를 본 것이었다. 이 세상은 눈에 보이는 육(肉)의 세계가 있고, 눈에 보이지 않는 영의 세계가 있다. 여태까지 나의 세상을 가득 채우고 있던 지식과 관점이 완전히 허물어져버렸다. 이렇게 영의 세계가 존재하는데 그것을 모르고 있었던 것이다.

안 보이는 영의 세계, 보이는 육의 세계

기숙사는 종로 5가와 가까운 곳에 있었는데, 거리를 지나는 자동차 소리, 오토바이 소리가 끊임없이 들려왔다. 그것은 눈에 보이는 육의 세계다. 기숙사 방의 하얀 벽, 책상, 의자,

침대 같은 것은 모두 눈에 보이는 육의 세계다.

그러나 또 하나의 세계가 있다. 눈에 보이지 않는 영의 세계다. 예수님의 이름을 무서워하는 악령들이 있다. 예수님의 이름은 권세가 있다.[마가복음 1: 27] 나는 악령들을 보았으나 그것을 표현할 언어가 없었다. 육의 세계는 영의 세계에 대한 관념이 없다. 살아 있고 바쁘게 움직이나 보이지 않는다. 육의 세계에는 이것을 표현할 언어가 없었다.

내가 찾은 가장 적합한 언어는 '살아 있는 연기'라는 표현이었다. 악령은 투명하나 살아 있었고, 머리 부분은 짐승 같았으나 그렇다고 몸통이 있는 것도 아니었다. 그들은 서로 겹치기도 하며 무리 지어 빠르게 움직였다.

요한복음 3장 8절에서, 예수님은 성령에 대해 설명하면서 바람에 비유하셨다. 바람은 눈에 보이지 않지만 존재하고, 힘이 있고, 방향이 있다. 바람은 성령을 설명하는 데 가장 유사한 인간의 언어다. 나는 성경이 '인간의 언어를 빌려 보이지 않는 영의 세계를 쓴 책'임을 그때 깨달았다. 인간의 언어는 그 표현에 한계가 있어 예수님은 종종 비유로 설명하셨다. 나는 여기에서 한 가지 요점을 찾았다. 영의 세계는 눈에 보이는 인간의 세계와 아주 다르다는 것을….

영의 세계는 시간이 없는 세계고, 시간의 한계도 없는 영원의 세계다. 4000년 전의 천사는 4000년 후에도 똑같은 천사다. 4000년 전 하나님께서 아브라함에게 말씀하신 영의 실체는 4000년 후 우리에게도 적용된다. 대조적으로 육의 세계, 즉 인간의 세계는 시간이 있고 시간에 따라 모든 것이 변한다. 4000년 전 한 왕이 자기 백성에게 했던 말은 오늘날 우리에게 적용되지 않는다. 모든 것이 변했기 때문이다. 영의 세계는 시간이 없는 세계이고, 육의 세계는 시간이 있는 세계다. 그래서 성경에 적혀 있는 모든 말씀은 영원한 진리다. 말씀은 영이기 때문이다.[요한복음 6: 63]

> 모든 육체는 풀과 같고 그 모든 영광은 풀의 꽃과 같으니 풀은 마르고 꽃은 떨어지되 오직 주의 말씀은 세세토록 있도다.
>
> — 베드로전서 1: 24~25

이 말씀은 두 세계가 어떻게 다른지 잘 보여준다. 악령의 환상을 본 뒤 나는 벌떡 일어나 내가 본 모든 것을 종이에 적었다. 그리고는 며칠 뒤 간호사 성경 공부 선생을 만나 그것을 읽어주었다. 그녀는 나에게 '할루시네이션(hallucination)'을 겪었다고 말했다. '환각'이라는 뜻의 이 말은 주로 정신과에서 쓰는 용어로, 정신 질환을 앓는 이가 겪는 증상의 하나를 일컫는다. 다시 말하면 내가 정신병 증상을 겪었다는 것이었다. 나는 어이가 없었다. 성경 말씀을 읽고 또 그 말씀을 영의 눈으로 보았다고 하면 칭찬할 줄 알았는데, 그것을 정신병 증상이라고 하니 기가 막혔다.

며칠 뒤 교회 지도자 한 분을 찾아가 내가 적은 것을 읽어주었다. 그는 말했다.

"성경에는 성령과 악령이 있다고 합니다."

그는 내가 읽었던 강의안에서 귀신이 사람 안에 있다는 것인지 아닌지 불분명하게 쓴 필자였다.

나는 이 두 사람의 반응을 접한 뒤 20년간 그 환상에 대해 아무에게도 말하지 않았다. 그러나 분명한 것은 나는 그렇게 내가 그토록 찾던 하나님을 만났다는 사실이었다. 이후에도 하나님은 계속 환상, 꿈, 음성으로 나를 가르치고 인도하셨다.

오직 말씀만을 주장하는 교회들이 있다. 이런 교회에서는 환상, 꿈, 하나님의 음성 등을 금기시한다. 이는 극히 개인적인 것이면서 헛길로 빠지는 위험이 있기 때문이란다. 또 마귀가 주는 환상, 꿈, 하나님의 음성 들이 교회를 파괴할 수도 있기 때문이란다. 그래서 나는 내가 겪은 마가복음 1장 21~27절의 환상을 20년간 아무에게도 말하지 않았다.

개인적으로 나는 하나님께서 주신 마가복음 1장 21~27절의 환상을 통해 큰 영적인 복을 받았다. 내가 똑같은 말씀을 간호사 성경 공부 선생으로부터 배웠다면 무엇을 얻었을까? 환상을 통해 베푸신 하나님의 가르침과 인간의 머리에서 나오는 가르침을 비교할 수 있을까? 하늘과 땅 차이다. 인간에게서 말씀을 배우면 학교에 갔다 온 기분이고, 하나님으로부터 말씀을 배우면 천국에 갔다 온 기분이다.

나는 6년 동안 하나님을 찾아 헤맸으나 만나지 못하고 하나님은 없다는 결론을 내린 뒤 타락했다. 그러나 7년째 되던 해 하나님께서 나를 찾아오셨다. 성경 공부를 하지 않으려고 피하고 피하다가 화장실까지 숨어들었으나 하나님께서는 내가 성경을 빌려 책상 위에 펼치게 하셨다. 그리고 성경을 읽게 하시고, 마가복음 1장 21~27절을 통해 자신이 성경의 저자임을 드러내셨다.

오직 하나님의 계획과 인도하심으로

하나님을 만난 기쁨은 내 가슴속 화산이 폭발한 것 같은 느낌이었다. 중학교 때 전교생이 모인 가운데 아침 조회를 할 때였다. 교장 선생님이 마이크로 내 이름을 크게 불렀다. 나는 "네" 하고 대답하고는 교단 앞으로 뛰어나갔다. 상을 받았는데 무척 기뻤다. 그러나 그 기쁨은 오래 가지 않았다. 흐뭇한 감정은 2, 3주 뒤에 사라졌다.

하나님을 만난 기쁨은 그와 달랐다. 화산이 폭발한 것처럼 모든 것이 터져 날아가버렸고, 지진이 일어난 것처럼 내면을 뒤흔들었다. 돈이 없어도 행복했고, 깍두기와 콩나물만 내내 먹어도 행복했고, 낡은 헌신만 신고 다녀도 행복했고, 버스비가 없어 방에 갇혀 있어도 행복했다. 하나님께서 사랑하시는 것을 마음으로 체험했기 때문이었다.

사람들은 행복해지려고 돈을 벌고 연인의 사랑을 구한다. 그러나 이것이 주는 행복은 매우 짧다. 돈과 연인은 몸과 마음을 잠시 기쁘게 하나 영혼까지 오래도록 기쁘게 하지는 못한다. 여럿이 모여 광란의 파티를 벌이지만 영혼은 더욱 병들어간다. 인간의 영혼은 오직 예수님의 피로 깨끗이 되고, 예수님의 사랑으로 행복해진다. 영혼이 행복하면 몸과 마음도 따라 행복해진다. 인간은 그렇게 만들어져 있다.

어둡고 수치스럽고 원망스러웠던 나의 과거가 하나님의 섭리에 따라 찬란한 빛으로 바뀌었다. 내가 연줄이 없어 취직을 못하고 조산원 훈련생으로 온 것은 하나님의 계획과 인도하심이었다. 그곳에서 간호사 성경 공부 선생을 만난 것도 하나님의 계획과 인도하심이었다. 죽음의 감정을 느끼며 지원

했던 간호학교도 하나님의 절대적인 보살핌 때문이었다.

태어나서 그때까지 나의 모든 인생이 '운이 나빠서'에서 '하나님의 섭리'로 바뀌었다. 출생부터 죽 살아온 길을 회상해보았다. 우연도 없고, 운이 나쁜 것도 없고, 오로지 하나님의 계획과 인도하심으로 나는 살아오고 있었다.

그동안 나는 몇 번 죽을 고비를 넘긴 적이 있었다. 그때는 죽지 않고 살아난 것이 천만다행이라고 생각했다. 그러나 나의 일생을 하나님의 계획과 섭리 안에서 바라보니 나는 하나님의 계획을 이루기 전에는 죽어서는 안 될 인생이었다. 죽어서도 안 되고 죽고 싶어도 죽을 수 없는 인생이었다. 살아서 하나님의 계획을 이루어야 하는 절대적인 인생이었다. 운명이 섭리로 바뀐 것이다.

—

우두커니 방 한가운데에 서 있는데 내 머리 위에 바람이
스치는 것을 느꼈다. 선풍기도 없고 창문도 닫혀 있는데
바람이 내게 불어온 것이었다. 바람은 머리꼭지로 들어
와 가슴을 지나 사라졌다. 뜨겁고 거룩한 감정이었다.

3 ——————— 회개와 성령의 세례

회개란 무엇이며 어떻게 하나?

한 번만 하고 그만두려던 성경 공부는 계속되었다. 나의 간호사 성경 공부 선생은 소감문을 써 오라고 했다. 그래서 그날 배운 것을 중심으로 세례 요한의 생활과 사역에 대해 썼다. 다음 성경 공부 때 내가 쓴 소감문을 읽었다. 그랬더니 이러는 것이었다.

"자기 자신을 참 잘났다고 썼네요. 자신의 죄를 회개하는 내용으로 써야 해요. 다시 쓰세요."

나는 좀 언짢은 기분이 들었지만 꾹 참았다. 그러면서 속으로 말했다.

'너는 얼마나 잘났니? 너나 회개해라. 네 죄나 회개해라.'

내 방으로 돌아와 곰곰이 생각해보았다. 그녀의 말은 틀린 것이 아니었다. 그러나 누군가 "네 죄를 회개하라"고 하면 듣기가 거북하다. 이 말은 듣는 이로 하여금 거부감을 느끼게 하고 화나게 만든다. 관계성을 잘 가지려면 남에게 회개하라는 말을 함부로 쓰지 말아야 한다. 그러나 세례 요한은 "회개하라"고 외쳤다.

나는 생각했다.

회개하라면 회개하겠다. 그래, 회개해보자. 그래서 회개하기로 결심했다. 그러면 회개란 도대체 무엇인가? 회개는 어떻게 하는가?

강의안에는 회개란 '인생의 방향을 바꾸는 것'이라는 내용이 쓰여 있었다. 즉 '자기만을 위해 살던 사람이 하나님을 위해 사는 것'이라는 얘기였다. 나는 이 말에 동의할 수 없었다. 성경에는 회개에 대해, 사람들이 자기 죄를 자복(自服)하는 것이라고 가르친다. 이 말은 즉,

"저는 아무개를 해쳤습니다."

"저는 이웃집 양을 훔쳤습니다."

"저는 아무개의 집과 땅을 내것으로 만들었습니다."

이런 것이 자기 죄를 자복하는 일이다. 마음으로 뉘우치고

자기 입으로 저지른 죄를 자백하고 복종해야 한다. 이것이 바로 성경에서 가르치고 있는 회개다. 그런데 강의안에서 이야기하고 있는 회개는 '인생 방향을 바꾸는 것'이라 했다. 이 말은 즉,

"저는 게으르게 살았습니다. 앞으로 성경 선생으로 살겠습니다."

"저는 제 자신만을 위해 살았습니다. 앞으로는 하나님을 위해 살겠습니다."

이것이 회개인가? 이것이 자기 죄를 자복하는 일인가? 인생의 방향을 바꾸겠다는 것이 죄의 자복인가? 아니다. 그가 지난날 어떤 죄를 지었는지 알 수 없다. 성경 선생으로 살면, 목자로 살면, 그들이 지은 과거의 죄들은 어떻게 되는가? 과거에 지은 죄들이 사라지는가?

그것은 성경이 말하는 회개가 아니다. 인간이 만드는 회개일 따름이다. 자기 인생의 방향을 바꾸겠다는 것은 회개의 결과이지 회개 그 자체가 아니다. 자기 죄를 자복하고 회개한 사람에게는 그 자연적인 결과로써 하나님을 위해 사는 새 생활이 주어진다.

그즈음 나는 간호사 성경 공부 선생이 다니는 교회에 나가기 시작했다. 이후 그 교회에서 자기 죄에 대해 자복하는 사

람을 한 번도 보지 못했다. 모두 새로운 인생 방향을 말하고는 했다. 그것은 결심이지 회개가 아니다. 사람들은 모두 자신의 새로운 각오를 피력하고 있었다.

나는 인생의 방향을 바꾸겠다는 식의 회개는 하지 않고 성경 말씀대로 죄를 자복하는 회개를 하기로 했다. 그런데 내 죄가 잘 생각나지 않았다. 사흘을 끙끙댔는데 지난날 어떤 죄를 저질렀는지 뚜렷이 떠올릴 수 없었다. 죄 지은 사람들이 부러웠다. 자복할 죄가 있으니 금방 회개할 수 있을 것이기 때문이었다.

사흘째 되던 날, 나는 아무 죄가 없음을 스스로 인정했다. 죄를 찾고자 돌이켜보았는데, 오히려 별다른 죄가 없음을 발견했다. 죄를 찾아내야 자복할 텐데 그럴 만한 거리가 없었다. 그래서 좀 더 체계적으로 죄목을 정해서 하나하나 찬찬히 따져보았다.

첫째, 간음죄─있나, 없나? 없다. 남자 손을 잡은 적도 없고 근처에 얼씬거리지도 않았다.

둘째, 도둑질─어렸을 때 시장 거리를 지나다가 유리컵이 너무 예쁘게 보여서 집어가는데 주인이 쫓아와 내 손에서 그 유리컵을 빼앗아 갔다. 유리컵이 다시 주인의 손에 들어갔는데, 이것을 도둑의 죄로 봐야 하나? 어린 시절 별 뜻 없이 손에 넣은 물건이 주인에게 돌아갔고, 나는 아무것도 가진 것이 없으니 도둑질로 간주하지 않겠다.

셋째, 거짓말—나는 어릴 때부터 내가 한 말을 지키기 위해 부단히 노력했다. 사람들은 너무나 쉽게 말하고, 쉽게 잊어버리고, 쉽게 "미안합니다"라고 말한다. 자기가 한 말을 지켜내고 "미안합니다"라는 말을 하지 않으려면 그에 상응하는 노력과 고통과 희생이 따른다. 나는 "미안합니다"를 말하지 않고 내가 한 말이나 약속을 지키려고 애썼다. 그래도 가끔은 "미안합니다"라는 말을 할 때도 있지만, 내가 한 말을 지키려고 많이 노력했다.

그렇게 조목조목 따져봐도 뚜렷한 죄를 찾지 못했다.

머리로 들어와 가슴을 쓸고 간 성령 세례

너무 피곤해 그 자리에서 책상에 턱을 괴고 멍하니 앉아 있었다. 그때 나의 시선이 책꽂이에 놓여 있는 빈 종이 뭉치를 보게 되었다.

그것은 병원에서 환자 차트로 쓰는 용지였다. 병원 이름과 로고가 찍혀 있어도 거의 백지나 다름없어서 편지지로도 쓰고 성경 공부 때 소감문을 쓰는 데 사용하기도 했다. 나만 그런 게 아니라 다른 이들도 이 종이를 가져다 썼다. 그뿐만이 아니었다. 아기방에서 일하는 어떤 이는 분유통을 기숙사에 갖다놓고 먹기도 했고, 어떤 인턴은 수술 봉합을 연습한다며 필요한 용품들을 가져가기도 했다. 남들도 다 하는 일이라 나도 무심코 종이를 가져와 쓴 것이었다.

내 마음속에 질문이 떠올랐다.

'저 종이가 누구의 것이지?'

대화가 오갔다.

'병원 것이지.'

다음 질문이 이어졌다.

'병원 것이 왜 여기에 있지?'

나는 대답했다.

'내가 가져왔으니까.'

이때 나는 병원 물건을 도둑질했다는 것을 깨달았다. 깜짝 놀랐다. 왜냐하면 '네 오른손이 죄를 지으면 잘라버려라'는 성경 말씀이 생각났기 때문이었다. 반사적으로 나는 왼손으로 오른손을 잡았다. 오른손은 그대로 붙어 있었다. 몸이 벌벌 떨렸다.

이미 사용한 용지는 휴지통에 넣고, 쓰지 않은 새 용지는 바로 병원으로 가서 제자리에 놓아두었다. 그리고 내 방에 와서 하나님 앞에 무릎을 꿇었다.

"주님, 저는 도둑입니다. 병원 물건을 훔친 도둑입니다."

며칠 뒤 근무가 끝나고 내 방으로 들어왔다. 쓰고 있던 캡을 벗고 방 한가운데에 우두커니 서 있는데, 내 머리 위에 바람이 스치는 것을 느꼈다. 선풍기도 없고 창문도 닫혀 있는데 바람이 불어와 스치는 것이었다. 바람은 머리꼭지로 들어와 가슴을 훑고 지나 사라졌다. 미처 1초도 되지 않는 짧은 순간에 일어난 일이었다.

바람이 가슴을 통과할 때 어떤 뜨겁고 거룩한 감정을 느꼈다. 그 바람이 가슴을 훑고 지나면서 내 안에 있는 모든 죄를 태워버리는 것 같았다.

나는 3일을 고민해도 내 죄를 찾지 못했다. 그러나 가슴속은 마치 하수도처럼 더럽혀져 있었다. 욕실 물이 내려가는 파이프같이 더러웠는데 그 오물들이 다 타버리고 깨끗해진 듯했다. 거룩하고 성스러웠다.

나는 마가복음 1장 세례 요한의 말씀이 생각났다.

나는 너희에게 물로 세례를 베풀었거니와 그는 너희에게 성령으로 세례를 베푸시리라.

— 마가복음 1: 8

나는 이 말씀을 방금 체험한 것이었다. 내 마음은 거룩함으로 채워졌고, 눈에서는 눈물이 하염없이 흘러내렸다. 곧바로 나는 무릎을 꿇고 기도했다.

"주님, 저의 전 생애를 바쳐 주님을 섬기겠습니다."

나의 인생 방향이 바뀌어진 것이었다.

나처럼 성령의 세례를 받은 사람을 만난 일이 있다. 휴스턴에서 나와 같이 성경 공부를 하다가 고향에 있는 대학으로 옮겨 간 학생이었다. 집이 월러카운티에 있었는데, 나는 그곳까지 1시간 반 정도 운전해 가서 대학교 교정에서 만나 성경 공부를 계속했다.

그때 그가 말했다. 자기 방에서 불을 끄고 어둠 속에서 자신이 지은 죄를 하나씩 주님께 고백할 때, 갑자기 머리 위로 바람이 불어와 가슴을 통과하더라는 것이었다. 나는 그가 무엇을 겪었는지 다 이해할 수 있었다. 그의 회개를 받으신 주님께서 성령 세례를 내리신 것이었다.

"회개하라."

요즘 들어 이 말이 교회에서 사라져가고 있다. 듣는 이로 하여금 불편을 느끼게 하는 말이지만, 이는 나와 하나님을 연결해주는 고리다. 곧 하나님과 나의 관계를 회복시켜주는 말이다. 그것은 나의 인생을 저주에서 축복으로 바꾸는 기적의 말이다.

　나는 6년 동안 하나님을 만나기 위해 이 교회 저 교회 기웃거렸는데 아무도 내게 먼저 회개하라고 말하지 않았다. 그러나 나에게 감히 "회개하라"고 말한 사람을 만난 것이다. 나는 회개하기 위해 사흘을 힘들게 투쟁했는데, 이것이 전환점이 되어 하나님과 함께하는 다이나믹한 생활을 시작하게 되었다.

—

숨은 것은 다 드러난다. 하나님의 눈을 의식하고, 하나님
앞에서 나의 생각과 행동을 바르게 해야만 한다. 그것은
죽음 뒤에 올 나의 영원한 세계를 준비하는 일이 된다.
그러나 비밀을 믿고 부끄러운 짓을 하다가 먼저 가버린
사람들은, 아, 어쩌나?

4 ——————— 비밀은 없다

그러지 마, 내가 미장원 갈 돈 줄게

사람이 죄를 짓게 되는 가장 많은 이유가 비밀을 믿기 때문이다. 죽은 후에 심판이 있는 것을 모르기 때문이다. 비밀은 없다. 성경에는 모든 숨은 것은 드러난다고 쓰여 있다. 즉, 비밀이 없다는 것이다. 나는 이것을 경험으로 배웠다.

서울대학병원에서 조산원 훈련생으로 일할 때, 산부인과 회식이 있는 날이었다. 환자들이 감사의 표시로 내놓은 돈을 모아 가끔 회식 경비로 썼다. 회식 장소는 대개 병원 근처에 있는 단골 식당이었다.

이번 회식에는 산부인과 의사와 간호사 들이 참석하기로

예정되어 있었다. 레지던트와 인턴은 대개 서울대 의과대학 출신이었는데, 그들 가운데 두 레지던트가 나를 바라보는 일이 많았다. 회식 날 나는 그들에게 좀 잘 보이고 싶었다.

밤 근무를 마치고 와서 잠 한숨 자지 않고 매무새를 꾸미는 데 신경을 썼다. 긴 생머리에 부드럽게 웨이브를 넣고 싶었다. 그래서 '구르프'라 부르던 헤어롤을 머리 끝에 감았다. 20개도 넘는 핑크 구르프가 주렁주렁 매달렸다. 점심 회식 시간에 맞추어 최대한 오래 감고 있으려 했다.

회식 시간이 가까워졌을 때 그것들을 하나씩 풀었다. 내 방에는 큰 거울이 없어 기숙사 화장실로 달려가서 커다란 거울 앞에 섰다. 그런데 내가 상상했던 것처럼 자연스럽게 출렁이는 웨이브가 나오지 않았다. 구르프를 감은 곳마다 구불구불한 자국이 그대로 남아 있었다. 이제 시간도 없는데 참 난감했다. 보기 싫은 구르프 자국을 얼른 없애야 했다. 헝클어진 머리에 물을 바르기 시작했다. 물을 적신 손으로 머리카락을 돌아가면서 잡아당기며 매만졌다.

구르프 흔적이 펴졌는지 어쨌는지 젖은 머리를 하고 급히 회식 장소로 달려갔다. 그런데 식당은 텅 비어 있었다. 회식이 취소된 것을 나만 모르고 있었다.

나는 기숙사로 돌아와 별 이유도 없이 간호사 성경 공부 선생의 방문을 두드렸다. 자다가 일어났는지 잠옷 바람에 부스스한 얼굴이었다. 그런데 나를 보더니 화들짝 놀라는 것이었다.

"어? 괜찮아?"

하고 나에게 물었다.

"뭐가요?"

정신을 가다듬은 그녀는 방금 꾼 꿈 이야기를 들려주었다. 꿈에 내가 산발한 채 머리를 사납게 헤집더라는 것이다. 그 모습이 얼마나 험했는지 내게 애원을 했단다.

"그러지 마, 제발. 내가 돈 줄게. 미장원에 갈 돈을 줄게. 이제 그만해."

그러나 말을 듣지 않고 자꾸 머리를 풀어헤치기만 하더라는 것이다. 그 꿈 이야기를 듣고는 말없이 돌아서서 내 방으로 왔다.

모든 숨은 것은 다 드러난다

나는 하나님 앞에 무릎을 꿇었다. 아무 말도 할 수 없었다. 내 마음은 모든 것을 보시는 하나님을 의식하고는 압도되었다. 방 안에서 아무도 모르게 혼자 한 일이 동시에 그 간호사의 꿈에 나타난 것이었다. 이럴 수가….

하나님은 보고 계신다. 암흑 속에서 비밀리에 하는 일까지 다 보고 계신다. 문을 닫고 혼자 은밀히 하는 것도 보고 계신다. 성경 말씀에 숨은 모든 것은 다 드러난다고 쓰여 있다. 모든 숨은 것은 다 드러난다. 이 세상에 비밀은 없다.

나는 가난 속에서 겪은 수줍은 일들, 부끄러운 순간들, 수치스러운 경험들을 마음속에 혼자만의 비밀로 간직하고는 했다. 이제 더 이상 떳떳하지 못한 일들을 숨길 필요가 없었다. 비밀로 할 이유가 없었다. 비밀은 없다. 정직하게 살자. 숨길 수가 없다.

그 이후로 내 마음속에서 이중성이 조금씩 사라지게 되었다. 이중성이 점점 줄어들면서 전에는 수줍고 부끄럽고 수치스러워 비밀로 숨겨야 했던 일들을 담담히 풀어놓을 수 있었다. 마음이 자유로워지기 시작했다.

자신의 문을 잠그고 떳떳하지 못한 짓을 하는 사람이 있다. 아무도 보지 않았고 아무도 모른다고 생각한다. 혼자만 아는 비밀이라고 생각한다. 완전하게 숨겼으리라 생각한다. 증인만 없으면 된다고 생각한다. 증거만 없으면 되니까, CCTV에만 찍히지 않으면 되니까….

그러나 하나님께서 다 보고 계시면서 하나도 빠짐없이 기록하신다. 그러므로 비밀은 없다. 하나님은 왜 모든 것을 기록하실까? 하나님께서 이 세상에 살았던 모든 사람을 심판하실 때[계시록 20: 2] 그 심판의 근거로 쓰시는 것이다. 말하자면 법정에서 판사가 판결을 내릴 때 자기 기분에 따르거나 바람처럼 떠도는 소문에 따르지 않는 것과 같다. 하나님은 조사되고, 증명되고, 기록된 모든 근거를 바탕으로 심판을 하신다.

항상 하나님의 눈을 의식하고, 하나님 앞에서 나의 생각과 행동을 바르게 하는 것이 죽음 뒤에 올 나의 영원한 세계를 준비하는 일이 된다. 그러나 비밀을 믿고 부끄러운 짓을 하다가 먼저 가버린 사람들은, 아, 어쩌나?

—

하나님은 자신을 섬길 사람을 쓰실 때 처음부터 말씀하
셨다. "나를 섬기면 수치와 거절과 모욕과 핍박을 받는
다. 그래도 나를 섬기겠느냐?" 시간당 최저임금이라는
것도 없다. 다만 고생길을 약속 받을 따름이다. 하나님은
참 정직하시다.

5 ── 하나님을 섬기면 이 땅에서 받는 것

말씀을 가르치려고 기숙사 방문을 두드리다

하나님을 처음 만나고, 그 뒤로 이어진 영적인 체험으로 나는 하나님 섬기는 일에 대단히 열심이었다.

대개 낮에 이루어지는 교회의 모임이나 행사에 참석하기 위해 근무시간을 밤번으로 고정시켰다. 그전에는 아침번, 오후번, 밤번을 2~3주마다 교대했던 것을 바꾸었다. 그러고는 매일 일용할 양식을 글로 써나가기 시작했다.

그날도 밤 근무를 끝내고 기숙사 방으로 돌아왔다. 밥, 깍두기, 콩나물로 식사를 한 뒤 씻고 잠자리에 드는 것이 평범한 일과였다. 나는 잠자리에 들기 전 반드시 일용할 양식을 읽고 또 쓰기로 작정한 터였다. 그날 일용할 양식의 끝자락에서 읽은 것은 '말씀을 가르치라'였다. 하나님께서 하신 말씀이었다.

하나님께서 말씀을 가르치라 하신다. 그러면 말씀을 가르쳐야겠다. 그런데 졸리니까 먼저 한숨 자고 난 뒤에 가르치면 어떨까? 하나님께서 말씀을 가르치라 하시는데, 그렇게 하지 않고 자면 편히 잠들 수 있을까? 마음이 불편해서 느긋하게 잘 수 없을 것 같았다. 그래서 나는 말씀을 가르치는 데 순종한 뒤 잠자리에 들기로 했다.

'신자가 된 지 이제 겨우 두세 달밖에 안 되는 내가 무엇을 가르치지? 그래, 내가 아는 것만 가르쳐보자.'

성경 전체에서 그나마 내가 알고 있는 것은 마가복음 1장이었다.

'마가복음 1장은 어느 정도 알고 있으니까 마가복음 1장을 가르치자.'

나는 성경을 들고 방을 나섰다. 그러고는 기숙사 방문을 하나씩 두드리기 시작했다.

그때가 오전 9시 즈음이었다. 성경 말씀을 공부할 사람을 찾기에는 참 애매한 시간이었다. 오전번 간호사들은 병원에서 근무 중이어서 방에 없을 테고, 밤번 간호사들은 막 잠이 들었을 테고, 오후번 간호사들은 아직 자고 있거나 방금 일어나 씻고 먹을 시간이었다. 내 마음에 조금이라도 순종하고 싶다는 생각이 없었더라면 적당한 변명으로 타협할 수 있었을 것이다.

'하나님, 제가 말씀을 가르치려 하는데요, 시간이 참 애매합니다. 다음에 하겠습니다.'

그러나 나는 하나님 말씀대로만 하고 싶은 마음에 계속 기숙사 방문을 두드려 나갔다. 2층을 다 두드렸는데 아무 반응이 없었다. 곧장 아래층으로 내려가서 또 방문을 하나씩 두드렸다. 놀랍게도 하나의 방에서 반응이 왔다.

"누구세요? 들어오세요."

문을 열고 들어갔다. 룸메이트 간호사 둘이 침대에 앉아 나를 쳐다보았다. 둘 다 개인적인 교류는 없었으나 친숙한 얼굴이었다. 그중 한 사람은 할아버지 때부터 목사를 지내온 독실한 크리스천 집안이라고 했다. 그도 밤 근무를 하면서 낮에는 한국에서 최고라는 신학대학을 다니고 있었다. 그 간호사가 나에게 물었다.

"미스 윤, 왜 왔어요?"

내가 대답했다.

"성경 가르치러 왔습니다."

그녀가 다시 물었다.

"미스 윤, 그러면 ××××××의 말뜻이 뭔지 알아요?"

분명 우리말 같은데 한 번도 들어본 적이 없어서 그게 무슨 뜻인지 잘 몰랐다. 아마도 신학과 관련된 말인 듯싶어 대충 얼버무려 대답했다.

"아뇨."

그녀가 잘라 말했다.

"그것도 모르면서 성경을 가르치겠다고요?"

내가 말했다.

"미안합니다."

나는 조용히 뒤돌아서 문을 닫고 방을 나왔다.

그래도 나를 섬기겠느냐?

머리를 한 대 된통 얻어맞은 것처럼 어질했다. 망치도 아니고 커다란 바윗덩이로 맞은 것 같았다. 살아생전 그런 모욕은 처음이었다.

'아니면 그냥 아니라고 하면 되지, 꼭 그렇게 철퇴를 휘둘러 사람을 정신 나가게 해야 하나?'

멍한 기분으로 간신히 내 방까지 돌아왔다.

책상 앞에 앉았다. 우는지 악을 쓰는지 두 주먹으로 책상을 두드리며 분노를 내뿜었다.

"악! 으악! 으아악!"

주먹으로는 양이 차지 않아 오른발로 방바닥을 차댔다. 두 주먹으로 두드리고 발로 구르며 혼자 난리를 쳤다. 그러다가 오른손을 들어 집게손가락을 천장을 향해 찌르면서 하나님께 따졌다.

"주님, 이런 게 다 주님 잘못입니다! 오늘 아침까지 저의 삶은 평안했습니다. 저도 남을 상관하지 않았고, 남도 저를 상관하지 않았습니다. 그러나 오늘 아침 주님께서 저에게 말씀을 가르치라 하셔서 잠도 안 자고 순종했더니 이게 뭡니까? 저는 수치스럽게도 거절당하고 모욕당했습니다. 이것이 다 주님 잘못입니다!"

울며불며 쿵쿵 책상을 치고 방바닥을 구르며 천장을 향해 삿대질을 하던 나는 갑자기 모든 행위를 멈추었다. 하나님이 내게 말씀하셨기 때문이었다. 나의 강력한 항의에 하나님께서 침묵을 깨신 것이었다.

"네가 나를 섬기면 그런 것들을 받는다. 그래도 나를 섬기겠느냐?"

하나님의 음성은 평범한 아버지의 목소리 같았다. 그저 아버지가 딸에게 담담히 들려주는 것처럼 부드러웠다. 나는 아무 말도 할 수 없었다. 눈물과 분노가 다 없어졌다. 나는 곧 하나님의 말씀을 마음에 새겼다.

"네가 나를 섬기면 그런 것들을 받는다. 그래도 나를 섬기겠느냐?"

하나님은 그날 아침 일어난 일들을 모두 보고 듣고 알고 계셨다. 하나님을 섬기면 그 대가로 수치, 모욕, 거절을 받는다는 것이다. 그러면 누가 하나님을 섬기려 할 것인가? 나는 그날 성경을 들고 말씀을 가르치기 위해 방을 나설 때 나 자신을 대견스럽게 여겼다.

내가 다니는 교회만 해도 그날 하루 일용할 양식을 보았을 사람을 어림잡아보니 3000명은 될 것 같았다. 그들은 하나님 말씀을 어떻게 대했을까?

"말씀을 가르치라."

디모데서 몇 장 몇 절…. 그렇게 하고는 성경과 일용할 양식의 겉장을 닫는다. 이제 말씀을 다 알았다고 생각한다. 머리에 성경 지식이 하나 더 늘었다며 사뭇 뿌듯해한다. 하지만 마음으로 순종하여 성경을 들고 밖으로 나간 사람은 과연 몇 명이나 될까?

그래서 나는 스스로 대견스럽게 여기면서 사람들이 나를 인정하고 존경할 거라 생각했다. 그런 마음이 있어서 무안을 당한 일에 더 큰 충격을 받았는지 모르겠다. 초신자로서 주님을 섬기는 데 이런 대가가 따른다는 것을 미처 알지 못했다. 그러면 누가 주님을 섬기려 할 것인가?

주님을 섬기면 인정과 영광과 부를 그 대가로 받아야지 수치와 멸시와 모욕이나 받는다면 도대체 누가 주님을 섬기려 할 것인가?

나는 주님께 답했다.

"주님, 저는 수치와 멸시와 모욕과 천대 같은 것을 받더라도 주님을 섬기겠습니다."

하나님은 참 정직하시다

어떤 대가를 바라고 부모님을 모시는 것이 아니다. 부모님을 사랑하기 때문에 부모님을 정성껏 모시는 것이다. 나는 주님을 사랑하기에 그 대가로 천시와 핍박을 받더라도 주님을 섬길 것이라고 맹세했다.

그 이후로 나는 철면피가 된 것 같다. 거절, 수치, 멸시, 모욕, 천대를 받는 일이 있어도 이전처럼 주체할 수 없이 치밀어오르는 분노 따위는 없어졌다. 당연한 것을 받기 때문이었다. 수줍음도 부끄러움도 사라졌다. 오로지 말씀 가르칠 사람을 찾고, 말씀 가르치는 데 집중하게 되었다.

나는 하나님이 어떤 분이신가 곰곰이 생각했다. 마침내 하나님은 '정직하신 분'이라는 결론을 내렸다. 하나님은 참 정직하시다.

이 세상에서는 사람이 다른 사람을 채용할 때나 자기 편으로 끌어들이려 할 때, 대부분 밝고 좋은 면에 대해서만 이야기한다.

"우리 쪽으로 오면 돈을 이만큼 벌고, 이만큼 승진하고, 이런저런 혜택이 따르고…."

굳이 나쁜 면을 미리 말하지 않는다. 직장에 입사하거나, 단체에 들어가거나, 결혼을 하거나, 어떤 일이 성사되고 난 뒤에야 나쁜 면들이 하나둘 드러나 알게 되기 마련이다. 시간이 한참 흐른 뒤 비로소 좋지 않은 면들을 깨닫게 된다. 바람직하지 않은 면들을 먼저 알아버리면 아예 들어가려 하지 않거나 들어갔더라도 금세 빠져나오려 들기 때문에 미리 알리지 않는 것이다. 그러지 않고 10년, 20년이 지나면 빼지도 박지도 못하는 형편이 되고, 마침내 그 범주에 갇혀버리기 십상이다. 이것이 보편적인 인간의 행동이다.

그러나 하나님은 자신을 섬길 사람을 쓰실 때 처음부터 말씀하셨다.

"나를 섬기면 수치와 거절과 모욕과 핍박을 받는다. 그래도 나를 섬기겠느냐?"

시간당 최저임금이라는 것도 없다. 다만 고생길을 약속 받을 따름이다.

하나님은 정직하시다. 정직하신 하나님을 나는 사랑한다.

—

우리의 마음은 그릇과 같다. 눈으로 보는 것, 생각하는 것, 읽은 것이 모두 그 마음의 그릇으로 들어간다. 미워하면 미움을 담고, 사랑하면 사랑을 담는다. 그런 것들을 자신이 스스로 마음에 채우는 것이다. 우리가 몸의 건강을 돌보듯이 마음의 건강도 돌보아야 한다.

6 ——————————— 귀신 들린 자

서원을 취소하고 결혼을 한다면?

교회 지도자들이 모인 자리에서 최고 지도자가 나를 앞으로 나오게 했다. 그리고 이내 아직 결혼하지 않은 한 형제를 나오라고 하여 둘을 나란히 세웠다. 그분은 나에 대해 무어라고 소개한 뒤 그 형제님에 대해서도 간략히 언급했다. 그러고는 들어가 앉으라고 말했다.

나는 이런 일이 무엇을 의미하는지 그때는 잘 몰랐으나 교회에서 형제와 자매의 결혼을 추진할 때 종종 있는 일임을 이후에 알았다. 나 혼자서 그 형제와 결혼할 것인가 한동안 생각했다. 그리고는 모든 것이 하나님의 뜻이겠거니 하며 시간을 보냈다. 그런데 얼마 뒤 그 형제가 다른 여성과 결혼했다는 소식을 들었다. 기분이 좋지 않았다.

또 한번은 교회 최고 지도자가 책 한 권을 주면서 어떤 형제에게 갖다주라는, 지극히 인위적이고 고의성이 엿보이는 심부름을 나에게 시켰다. 혼인은 인륜대사라 소홀히 할 수 없는 일인데 은근슬쩍 테스트하고 반응을 살피는 것이 내심 못마땅했다. 그래서 '내 결혼은 내가 결정한다. 내 갈 길은 내가 정한다'고 생각하면서 '나는 결혼하지 않고 독신으로 하나님을 섬기며 살겠다'고 스스로 서약했다.

그 결심이 진심이었기에 나는 독신으로 살면서 하나님을 섬기는 쪽으로 관심을 가지게 되었다. 그것이 내가 앞으로 가야 할 길이라는 생각이 들었다.

그러나 시간이 흐를수록 나도 결혼하고 싶다는 쪽으로 마음이 기울어지는 것을 느꼈다. 독신으로 하나님을 섬기며 살겠다는 서원이 있기 전에는 결혼에 대해 '해도 그만 안 해도 그만'이라는 자유로움이 있었다. 그러나 서원 후 결혼을 해서는 안 된다는 금기 사항이 주어지니 그 반작용으로 결혼하고 싶다는 생각이 점점 강해진 것 같았다. 이런 마음은 이전에는 알지 못했던 전혀 새로운 영역이었다. 금지하면 더 하고 싶어지는 인간의 본성 같은 것인지도 몰랐다.

간호학교 학생 때 정신병원으로 실습을 나간 적이 있었다. 싱글로 살고 있는 노처녀 환자가 내게 물었다.

"양수가 뭐예요?"

나는 그녀가 성과 결혼에 관한 문제로 정신이상을 겪게 된 거라고 생각했다. 그 환자의 얼굴이 자꾸 떠올랐다. 나도 혹시 그렇게 되는 것이 아닐까 은근히 걱정되었다.

하나님께 드린 서원을 지킬 수 없을 거라는 예감이 들었다. 그 서원을 취소할 수 있다는 근거를 찾아보려고 성경을 읽어 나갔다. 그러나 성경은 서원을 취소하려는 사람에게 무서운 책이었다. 내가 서원을 취소하고 결혼을 하면 지옥에 갈 것 같았다. 성경을 읽을수록 말씀을 무시하고 불순종하는 사람에게 오는 하나님의 진노와 형벌이 내 마음에 확대되어 다가오면서 나는 불안에 떨었다.

물론 나는 예수님의 용서를 믿고 있었으나 다음 말씀이 내 발목을 잡았다.

내가 진실로 너희에게 이르노니 사람의 모든 죄와 모든 모독하는 일은 사하심을 얻되 누구든지 성령을 모독하는 자는 영원히 사하심을 얻지 못하고 영원한 죄가 되느니라 하시니.
— 마가복음 3: 28~29

서원을 취소하는 것이 성령을 모독하는 죄인지 아닌지에 대해 알아보려고 노력했다. 결국 그것은 성령을 모독하는 죄라는 쪽으로 생각이 기울면서 지옥으로 가게 된다는 불안감이 더욱 커져갔다. 그런 한편으로 로마서 8장을 여러 번 읽었다. 지옥에 떨어지게 생겼다는 불안 가운데 이 말씀 하나를 소망의 줄처럼 붙잡게 되었다.

> 그러므로 이제 그리스도 예수 안에 있는 자에게는 결코 정죄함이 없나니.
>
> ― 로마서 8: 1

내 마음은 전쟁터였다. 한쪽에서는 지옥의 두려움이 나를 끌어당기고, 다른 한쪽에서는 구원의 평화가 나를 끌어당기고 있었다.

내 안에서 미소 짓고 있는 그 무엇

시간의 흐름에 따라 내 안에서 이상한 현상이 나타나기 시작했다. 머리가 아픈 것이었다. 그때까지 두통이란 것을 몰랐는데 자주 머리가 아팠다. 특히 뒷머리 아래쪽이 집중적으로 아팠는데, 심할 때는 그 부위를 칼로 도려내고 싶을 정도였다.

내 안에 미소 짓고 있는 무엇인가 숨어 있는 것 같은 느낌이 들었다. 밤에 길을 가다가 걸음을 멈추고 고층 건물 꼭대기를 올려다보고는 했다. 내 안에서 무엇인가 미소 지으면서 메시지를 던져주었다.

'저기 올라가서 뛰어내려봐. 좋은 일이야.'

높다란 빌딩을 올려다보면서 나도 미소 지었다.

'저 옥상에 올라가서 한번 뛰어내려볼까?'

내 안의 무엇인가 미소 지으면 나도 따라 미소 지었다. 그때 서울대학병원 근처에 지하철 공사가 한창이어서 땅이 깊이 파이고 차들이 지상의 좁은 공간 사이를 비집고 다녔다. 버스 창가에 앉아 깊이 파인 땅 밑을 내려다볼 때면 또 무엇인가 내 마음속에서 미소 지으며 속삭였다.

'뛰어내려봐. 좋은 거야.'

한번은 종로 5가 부근을 걸을 때였다. 차들이 공사장 철판 위를 덜커덩거리며 오가는데, 내 마음속의 무엇인가 미소 짓는 순간 나도 모르게 달려오는 버스 앞으로 몸을 내밀었다. 막 버스와 부딪치려는 찰나 정신이 번쩍 들면서 몸을 가누고 뒤로 물러섰다.

정신적으로 무척 민감해져 있었다. 누가 나를 놀리고, 누가 나를 비웃고, 누가 내게 무관심하고, 누가 나를 위해 기도하는지 다 알 것 같았다. 꼭 한 사람이 나를 위해 기도하고 있었다. 예수님께서 회당에 계실 때 바리새인과 군중은 예수님이 누구인지 몰랐다. 그러나 귀신 들린 자는 예수님이 하나님의 아들이라고 말했다. 그 안의 귀신이 알고 있는 것을 그가 알고 있었던 것이다.

나는 내 안에 귀신이 들어 있다고 생각했다. 마가복음 1장 21절에서 27절의 말씀을 통해서 알았다. 그래서 머리가 부서지도록 아파도 진통제 한 알 먹지 않았다. 자가 진단으로, 그리고 또 말씀으로 내 안에 귀신이 들어 있다고 확신했다. 문제는 이 귀신을 어떻게 쫓아내는가 하는 것이었다.

마가복음 1장 21절에서 27절의 말씀은 '예수님은 권세가 있어서 귀신들을 꾸짖으며 그에게서 나오라 하시니 귀신들이 그 남자에게서 나왔다'라고 쓰여 있다. 나는 예수님의 이름으로 "이 더러운 귀신들아! 내게서 나와라!" 소리치고 명했으나 귀신들은 꿈쩍도 하지 않았다. 이 같은 명령을 여러 번 시도했으나 아무 효과가 없었다.

내가 이렇게 귀신 문제로 힘들게 투쟁하고 있을 때, 교회 사람들은 나더러 '정욕에 몸을 맡긴 삼순'이라는 타이틀을 붙여주었다. 내가 남자한테 눈이 멀어 헤매는 것으로 짐작하고는 '삼손과 델릴라'에 빗대어 붙인 별명이었다. 내가 귀신에

시달리며 거기서 해방되려 싸우고 있다는 것에 아무도 관심이 없었다. 교회는 헌금 올리기, 주일 예배 참석자 수 올리기, 신도 수 늘리기에 전념하고 있었으니까.

마음의 그릇에 무엇을 담을까?

괴롭고, 무섭고, 미친 시간들이 흘러갔다.

하루는 꿈을 꾸었다. 꿈에 어떤 집이 나왔는데 그 집에 불이 났다. 시뻘건 불길이 창문이며 지붕 위로 치솟고, 그 집 안에서 비쩍 마른 시커먼 사람들이 밧줄에 묶여 한 줄로 걸어 나오고 있었다. 순간 잠에서 깨었다.

꿈은 나의 영역 밖에 있으나 하나님은 꿈을 통해 나에게 힌트를 주신다. 나는 그날이 바로 귀신들이 나가는 날임을 깨달았다. 곧바로 내가 해야 할 일을 하리라고 결심했다. 해야 할 일이란 내 문제를 털어놓고 말하는 것이었다. 나는 너무 창피하고 부끄러워 내 문제를 비밀로 간직했다. 함부로 말할 수 없는 비밀은 마음 안에 스트레스와 고뇌를 증가시켰고, 귀신들이 살 수 있는 집이 되었다. 내 마음 안의 귀신들이 머물러 사는 집을 부숴야 했다. 그것은 다른 사람들이 나를 위해 할 수 없고, 내가 나를 위해 해야 하는 나의 일이었다.

그날 오전에 교회 지도자를 찾아가 한마디로 물었다.

"제가 결혼할 수 있을까요?"

그 말을 입밖으로 꺼낸다는 것이 대단한 고역이었다. 그러나 나는 살기 위해 어쩔 수 없이 뱉어냈다. 닫혀 있던 철문이 활짝 열린 느낌이었다. 그분은 나의 결혼에 대해 이리 떠보고 저리 재보고 했는데, 나는 혼자만의 세계에 갇혀 반발하다가 지옥까지 내려간 것이었다. 그분은 아무 말도 하지 않았고 나도 아무 말도 하지 않았다. 그리고 나는 그 자리에서 하염없이 눈물을 쏟았다.

우리의 마음은 그릇과 같다. 이 그릇은 비어 있지 않고 항상 무엇으로 채워져 있다. 내가 눈으로 보는 것, 생각하는 것, 읽은 것이 모두 그 마음의 그릇으로 들어간다. 폭력적인 비디오게임을 즐기는 사람은 폭력을, 성적인 자극을 즐기는 사람은 정욕을 그 그릇에 담는다. 미워하면 미움을 담고, 사랑하면 사랑을 담고, 공부를 좋아하면 지식을 담고, 공부를 싫어하면 무지를 담는다. 그런 것들을 자신이 스스로 마음에 채우는 것이다.

영(靈)이 우리 마음의 그릇을 들락날락한다. 영이 들어오고 나가는 것은 막을 수 없다. 우리가 성경을 읽고 말씀을 묵상하고 기도할 때 성령께서 우리 마음의 그릇에 들어오신다. 우리 마음이 더럽혀져 있으면, 즉 견디기 힘든 고뇌와 불안과 스트레스에 사로잡혀 있으면 그것들이 악령을 초대한다. 나같이 내성적인 사람은 마음의 고뇌와 불안과 스트레스 따위를 혼자 간직하고 키워간다. 악령은 이런 마음을 좋아한다. 마음의 비밀은 악령이 거하는 악령의 집이 된다.

"제가 결혼할 수 있을까요?"

이 한마디에 마치 허물어진 둑에서 물줄기가 쏟아지듯 모든 악령이 내 마음의 그릇에서 떠나갔다. 머리 아픈 것도 사라졌다. 죽을 기회를 보면 떠오르던 그 미소도 사라졌다. 귓가에 속삭이던 음성도 사라졌다. 다른 사람이 나를 어떻게 생각하는지 레이더망 같은 예리함도 사라졌다. 그 후 나는 내 안에 있는 걱정이나 고민 거리를 혼자 끙끙거리지 않고 입을 열어 말하는 법을 배웠다.

우리가 몸의 건강을 돌보듯이 마음의 건강도 돌보아야 한다. 예수님의 이름만이 악령을 쫓아내는 권세가 있다. 우리는 예수님의 이름으로 악령이 나갈 때까지 기도하여 승리해야 한다. 나는 나 자신을 위해 몇 달 동안 기도했는데, 또 나를 위해 기도하신 한 분이 계셨다. 하나님 오른편에 앉아 계신 예수님께서 나를 위해 기도하신 것이다.

—

선교사는 자신이 먼저 말씀을 먹고 그 말씀을 다른 이에
게 나누어주는 사람이다. 가방에서 성경을 꺼내 비행기
앞좌석에 붙은 조그만 테이블 위에 올려놓고 말씀 공부
를 시작했다. 나의 선교사 생활은 선교지로 가는 비행기
안에서 시작되었다.

7 ——————— 선교사가 무엇인가?

스물네 살에 선교사가 되어 미국으로

창세기 12장 말씀을 공부할 때, 하나님께서 내가 가야 할
땅으로 보내주시도록 기도했다.

여호와께서 아브람에게 이르시되 너는 너의 고향과 친척과 아
버지의 집을 떠나 내가 네게 보여 줄 땅으로 가라. 내가 너로
큰 민족을 이루고 네게 복을 주어 네 이름을 창대하게 하리니
너는 복이 될지라. 너를 축복하는 자에게는 내가 복을 내리고
너를 저주하는 자에게는 내가 저주하리니 땅의 모든 족속이 너
로 말미암아 복을 얻을 것이라 하신지라.

— 창세기 12: 1~3

독일로 가고 싶은 바람이 있었다. 하지만 혹시 홀로 아프리카 대륙에 떨어지면 어쩌나 하는 걱정도 없지 않았다. 고등학교 3년 동안 제2 외국어로 독어를 배웠기에 독일에 가서 공부를 더 하고 싶었다. 그러나 하나님은 미국으로 가는 길을 열어주셨다. 24세 때 나는 미국 선교사가 되었다.

1974년 2월 23일, 드디어 비행기가 김포공항을 이륙했다. 일본 도쿄를 경유했는데, 창밖으로 여승무원들의 오가는 모습이 참 밝고 세련되어 보여 부러웠다. 비행기가 다시 날아오르고 미국 샌프란시스코까지 10시간이 넘는 긴 비행이 시작되었다. 난생처음 탄 비행기였으나 긴장감 탓에 가슴 설레는 일 따위는 없었다.

나는 그제야 모든 묵은 감정들을 털어버리고 나의 미래에 대해 생각하기 시작했다. 지금 선교사로서 낯선 미국으로 향하는 중이다. 어떤 미래가 나를 기다리고 있을까?

나는 사람들이 대개 어떤 인생을 살고 있는지 조금은 짐작하고 있었다. 어린 시절 아버지 무릎에 앉아 있을 때, 50을 갓 넘기신 아버지께서 말씀하셨다.

"미래의 50년을 생각하면 아주 긴 시간 같으나 50년을 살아보니 몇 주 또는 몇 달이 지난 것같이 아주 짧게 느껴지는구나."

아버지는 무심코 한 말인지 몰라도 어린 내게는 충격이었다. 나는 그 말을 오래도록 마음에 담아두었다. 50년, 60년, 70년이 훌쩍 지나간다니…. 인생은 그렇게 빨리 흘러가는 모양이구나. 해놓은 것도 없고 이루어놓은 것도 없는 듯해서 인생의 허무를 느끼는 거라고 나중에 깨달았다. 아버지는 그렇게 사셨고, 대부분이 또 그렇게 살고 있는 것 같았다.

나는 자라면서 이 말의 또 다른 의미를 생각해냈다. 인생은 누구에게나 한계가 있게 마련이다. 한 가지에 집중하고 그 한 가지를 이루려고 매일같이 노력할 때, 그 한 가지를 이룰 수 있는 시간으로 제한되어 있다는 뜻으로 받아들였다. 50년, 60년, 70년은 그 한 가지를 이룰 수 있도록 나에게 주어진 시간 같았다. 누구에게나 시간이 무한정 주어지는 것이 아니라는 생각이었다.

선교사로서 미국으로 향하는 나에게 이 둘 중 하나의 인생이 기다리고 있을 터이다. 여기저기 다 간섭하고 사방으로 흥미로운 일에 마음과 시간과 돈을 쓰다보면 시간은 훌쩍 지나고 아버지처럼 50년, 60년이 짧고 허망하게 느껴질 것이다. 그러나 한 가지 목표를 세우고 30년, 40년에 걸쳐 매일매일 나아가면, 무엇인가 이루게 되고 마침내 인생에 만족감을 가지게 되리라 믿었다.

선교사는 자신이 먹은 말씀을 나누어주는 사람

인생은 기차와 같다. 시발역을 출발해서 달리다가 종착역에 이르면 끝이다. 인생은 단 한 번 사는 것, 기회는 단 한 번이다. 나는 한 번 사는 나의 인생을 무의미하게 보내고 싶지 않았다. 일생 동안 한 가지를 뚜렷이 이루고, 만족스럽게 나의 삶을 마치겠다고 다짐했다.

내가 앞으로 살아갈 삶, 즉 선교사란 누구이며 무엇인가에 대해 생각했다. 비행기 안에는 어떤 자료도 없고 뭐라고 얘기 나눌 사람도 없었다. 내가 이해하는 범위 안에서 그 뜻을 찾아야 했다.

선교사는 낯선 이국 땅에 떨어져 살아가게 된다. 혼자서 여러 어려운 상황들에 부딪쳐야 한다. 스스로 직장을 찾아서 생활해 나가야 한다. 병을 얻어 몸이 아플 때도 있을 것이다. 선교지의 언어를 배워 성경 말씀을 가르쳐야 한다. 그러나 무엇보다 중요한 것은 영적으로 고갈되지 않는 일이다.

한국은 영(靈)의 양식이 풍부한 나라다. 눈만 열어놓고 있어도, 귀만 열어놓고 있어도 영의 양식을 받아먹을 수 있다. 깊이 있는 말씀의 목사님이 많이 계신다.

그러나 외국은 그렇지 않을 수 있다. 내가 가고 있는 미국은 눈을 열어놓고 귀를 열어놓아도 영의 양식이 마음 안에 쉽게 들어오는 곳이 아닐 수 있다. 내가 홀로 떨어져서 영적으로 고갈되어 어둠 속으로 추락하는 상황을 상상해보니 아찔했다. 생각 끝에 나름대로 선교사의 정의를 내렸다.

선교사는 자신이 먼저 말씀을 먹고, 그 말씀을 다른 이에게 나누어주는 사람….

그러자 많이 복잡했던 마음이 정리되었다. 내가 무엇을 해야 하는지 분명해졌다. 앞으로 나에게 주어질 시간이 30년이 될지, 40년이 될지, 50년이 될지는 알 수 없으나 매일매일 한 가지는 꼭 실행할 것이다. 말씀을 파서 내가 먼저 먹고 다른 사람들에게 먹여주리라. 남이 주는 영의 양식을 받아먹기만 하는 사람이 아니고, 내가 영의 양식을 먹여주는 사람으로 살아야 한다.

나는 바로 실천에 들어갔다. 출국하느라 바쁜 시간을 보내면서 그날 일용할 양식의 말씀을 먹지 않은 것이다. 가방에서 성경과 일용할 양식의 책자를 꺼내 비행기 앞좌석에 붙은 조그만 테이블 위에 올려놓고 말씀 공부를 시작했다. 나의 선교사 생활은 선교지로 가는 비행기 안에서 시작되었다.

—

반대에 부딪히고 수적으로, 또 큰 목소리에 밀려 열세에
몰릴 때가 있어도 나는 내가 승리할 것을 이미 알고 있
다. 생전에 승리를 얻지 못한다면 하나님의 말씀에 기초
한 나는 죽은 뒤에라도 승리할 것이다.

8 ——— 상대방을 이기는 법

딛고 서 있는 발판의 권위가 승패를 가른다

사람들 사이에서 알력이 생기고, 두 의견이 팽팽히 맞설 때가 있다. 두 집단이 서로 양보 없는 대결을 벌일 때 '벌떼'가 되어 싸우는 모습을 보게 된다. 가능한 한 많은 인원을 자기 편으로 끌어모아 상대편보다 목소리를 더 크게 높이는 것이다. 말하자면 여론 조성이라 하겠다.

집단과 집단 사이의 물러설 수 없는 대립은 대개 수가 더 많고 소리가 더 높은 쪽이 이길 확률이 높다. 잘잘못을 분명히 가리기 어렵고 합리적인 해결책을 찾아내기 또한 쉽지 않지만, 세상의 상당 부분은 그런 방식으로 굴러왔다.

성경을 보면 종교 지도자들이 이 같은 방법을 잘 이용한 것 같다. 예수님을 따르던 군중을 선동하여 그들에게 예수님을 죽이라고 소리치도록 만든 것이다. 소리 지르는 무리들의 규모와 큰소리에 로마 총독도 타협할 수밖에 없었다.[마태복음 27: 22~23, 마가복음 15: 13, 누가복음 23: 20, 요한복음 19: 6]

그러나 집단이 아니라 두 사람 사이에 알력이 생겼을 때는 어느 쪽이 이기게 될까?

휴스턴의 한 병원에서 근무할 때였다. 하루는 간호과장이 나를 자기 사무실로 불렀다. 그녀는 중년의 백인 여성이었는데, 문을 열고 들어가자 불쑥 이렇게 말했다.

"나는 당신이 인생 경험이 많은 줄 안다. 내가 지금 환자 한 명과 다투고 있는데, 당신의 의견을 듣고 싶다."

나는 무척 송구스러웠다. 미국 병원에서 일하다 보면 백인들의 우월감이 대단하다는 것을 금방 느낀다. 백인들끼리 연대감을 가지면서 백인이 아니면 거리감을 둔다. 그런데 백인 간호과장이 동양인인 나의 의견을 듣고 싶다고? 애굽의 바로가 노예이자 죄수인 요셉에게 도움을 청한 일이 있다. 물론 그 정도까지는 아니겠지만 그와 비슷한 상황 같았다.

간호과장의 이야기를 다 들은 뒤 나는 대답했다.

"당신은 이 싸움에서 이길 수 없습니다. 왜냐하면 그 환자는 병원 규칙에 근거를 두고 따지지만, 당신은 간호과장이라는 권위에 근거를 두고 말합니다. 병원 규칙이 더 우위에 있고 간호과장의 권위는 그보다 약합니다. 나라면 그 환자에게 미안하다고 말하고 문제를 빨리 마무리 짓겠습니다."

그 후 아무 일도 일어나지 않았다. 간호과장도 계속 근무했고, 그 환자도 조용했다. 해결이 잘된 것이다.

둘 사이에 알력이 생겨 맞서게 될 때, 이기고 지는 것은 딛고 서 있는 발판의 권위에 달려 있다. 대법원 판결이 고등법원, 지방법원의 판결을 뒤집을 수 있는 것과 같다.

큰소리로, 고집으로, 떼를 지어 이기려 대드는 것보다 먼저 높은 원리 위에 서야 한다. 가장 높은 원리는 하나님의 말씀이다. 하나님의 말씀은 곧 능력과 약속이 뒤따른다. 하나님의 말씀을 근거로 싸우는 자가 마침내 승자가 된다. 하나님의 말씀으로 맞설 때 그를 이길 자는 없다.

무작정 숙소를 나와 오하이오주 털리도로

1975년, 뉴욕에 있을 때의 일이다. 한국에서 교회의 새 지부장이 왔다. 그리고 며칠이 지난 어느 날이었다.

새 지부장 부부와 나, 세 명이 같이 있는 자리였다. 새 지부장이 나더러 헌금 장부를 가져오라고 했다. 당시 내가 헌금 장부를 관리하고 있었다. 나는 곧바로 장부로 쓰던 노트를 꺼내 주었는데, 몇 페이지 넘기더니 옆 책상으로 휙 던지는 것이었다. 그리고는 두 손을 내밀라고 한 뒤 옆에 있던 나무 막대기를 들고 두세 차례 내 손바닥을 내리쳤다. 마치 옛날 학교 선생님이 학생에게 하던 체벌 같았다.

상상도 할 수 없는 일이 순식간에 일어났다. 이 광경을 지켜보던 부인의 웃음소리가 들렸다. 전에 못 보던 나무 막대기가 준비되어 있는 것으로 보아 다분히 계획되고 의도적인 일로 판단되었다. 헌금 장부의 어떤 부분이 잘못되었는지 아무런 지적도 없었다.

나는 뒤돌아서 곧장 숙소로 왔다. 그리고는 짐을 챙겼다. 누가 한국에 간다며 캐리어를 빌려 가서 큰 가방이 없었다. 빈 라면 상자에 짐을 담았다. 간호사 유니폼, 간호사 신발, 간호사 자격증, 속옷이 전부였다. 그리고 저금통에 있던 얼마간의 현금을 챙겨 숙소를 나왔다. 내가 쓰던 생활용품이나 가재도구들은 모두 그 자리에 그대로 남겨둔 채 떠났다.

숙소는 맨해튼 12번가에 있었다. 거리로 나와서 바로 택시를 잡아타고 운전기사에게 말했다.

"케네디공항으로 갑시다."

공항에 내려 택시비를 지불했다. 초가을 선선한 바람이 온

몸을 휘감았고 하늘에는 별이 총총했다. 늦은 시각이어서 모든 항공사의 창구가 닫혀 있었다. 가진 돈을 세어보니 86달러가 남아 있었다. 미리 계획하고 나온 것이 아니어서 어디로 가야 할지 막막했다. 가만히 생각해보니 이제 겨우 1년 된 미국 땅에서 혼자 떨어져 나온다는 것이 참 무모한 일 같았다.

공항 대합실에서 잠시 마음의 안정을 취한 뒤 간호학교 동창생을 찾아가기로 마음먹었다. 한 명은 오클라호마주 털사에 있었고, 두 명은 오하이오주 털리도에 있었다. 털사로 가는 비행기표는 100달러가 넘었고, 털리도로 가는 비행기표는 80달러 정도였다. 그래서 가진 돈에 맞추어 털리도로 가기로 작정했다.

나는 알 수 없는 미래에 대해 하나님께서 내 갈 길을 인도해주시라고 기도했다. 그리고는 공항 대합실 의자에 기대어 잠이 들었다.

나는 하나님의 말씀으로만 길들여진다

뉴욕에 온 새 지부장이 어떤 의도를 가지고 그랬는지 생각해보았다. 한 가지 확실한 것은 기선을 제압하는 식으로 나를 굴복시키고 자기 말이면 무엇이든 듣는 자로 길들이겠다는 속셈이 아니었나 싶었다.

교회에는 지도자 옆에 늘 함께하는 여성이 있었다. 지도자의 말을 바로 하나님 말처럼 여기고 지도자의 말대로 움직이는 사람이었다. 지도자의 말에 순종하는 것이 곧 선이고 불순종하는 것은 곧 악이라는 것이 그들의 방식이었다. 그런 상태가 지속되면 선악에 대한 분별력을 상실하기도 한다. 일부 교회에서 도리에 어긋난 일이 저질러지는 것도 그 같은 구조가 작용한 것이 사실이었다.

털리도의 친구에게로 가는 내내 마음속으로 다짐했다.

'나는 매 따위로 길들여질 만큼 허약하지 않다. 나는 오로지 하나님의 말씀으로만 길들여지는 인간이다. 나는 나와 대립한 이에게 받은 만큼 돌려주겠다고 마음먹는 그런 섣부른 인간이 아니다. 스스로 열심히 살고 노력해서 그보다 더 크게 성장하는 것이 곧 이기는 일이기 때문이다. 상대가 저 멀리 뒤쳐져서 올 때 나는 승리를 선포할 것이다.'

그렇게 해서 나는 뉴욕에서 털리도로 거처를 옮기게 되었다. 뉴욕주 간호사 자격증을 오하이오주 간호사 자격증으로 바꾸는 데 2~3주가 걸렸다. 그동안 간호학교 두 동창생 집을 오가며 지내다가 새 간호사 자격증을 받자마자 직장을 구해 따로 나왔다.

내가 얻은 방은 일반 가정집의 작은 다락방이었다. 지붕을 따라 비스듬히 내려오는 천장 아래에 침대가 놓여 있고, 화장실은 있었으나 주방은 따로 없었다. 한 달 방세는 65달러, 그런대로 쓸 만한 원룸 아파트는 200달러 정도였다. 주방이 없어 요리를 할 수 없었기에 6개월 동안 식빵, 딸기잼, 사과만 먹고 살았다.

일어나 천막을 치고 그 줄을 넓히라

차가 없으니 1시간을 걸어서 근무하러 갔다가 1시간을 걸어서 집으로 돌아왔다. 오가는 도중에 다운타운의 우범지대를 지나쳐야 했는데, 늦은 밤에 여자 혼자 그곳을 걸어다닌다는 것은 위험천만한 일이었으나 하나님이 보살펴주셔서 아무런 사고도 일어나지 않았다.

그런데 겨울이 문제였다. 눈이 무릎까지 쌓였다. 출퇴근 때마다 옷과 신발이 흠뻑 젖었다. 나는 간호사 유니폼과 신발을 챙겨 가방에 넣고 눈길에 푹푹 빠지면서 1시간을 걸어 병원으로 출근했다. 병원에 와서 젖은 옷과 신발을 벗어 말려두고 가져온 것으로 갈아입고 근무했다. 일을 마치고 또다시 눈 쌓인 밤길을 1시간 동안 걸어 퇴근했다.

월급을 모아 먼저 자동차부터 샀다. 운전면허증도 없이 차를 몰았다. 출퇴근이 너무 힘들어서 어쩔 수 없이 법을 어길 수밖에 없었다. 그리고 곧바로 운전면허증을 땄다.

어려운 형편 가운데서 나는 성경 말씀을 붙들고 그 말씀대로 살아가려 애썼다. 이 말씀으로 나의 승부를 걸었다.

잉태하지 못하며 출산하지 못한 너는 노래할지어다. 산고를 겪지 못한 너는 외쳐 노래할지어다. 이는 홀로 된 여인의 자식이 남편 있는 자의 자식보다 많음이라. 여호와께서 말씀하셨느니라. 네 장막터를 넓히며 네 처소의 휘장을 아끼지 말고 널리 펴되 너의 줄을 길게 하며 너의 말뚝을 견고히 할지어다. 이는 네가 좌우로 퍼지며 네 자손은 열방을 얻으며 황폐한 성읍들을 사람 살 곳이 되게 할 것임이라. 두려워하지 말라. 네가 수치를 당하지 아니하리라. 놀라지 말라. 네가 부끄러움을 보지 아니하리라. 네가 네 젊었을 때의 수치를 잊겠고 과부 때의 치욕을 다시 기억함이 없으리니, 이는 너를 지으신 이가 네 남편이시라.

— 이사야 54: 1~5

이는 모든 것을 다 잃고 바벨론에 포로로 끌려간 이스라엘 백성에게 주신 말씀인데, 그때 나는 그와 같은 상황에 놓인 것 같았다. 가진 것을 잃어버리고 소망 없는 자가 되어 있었다.

그러나 잉태하지 못하고 수치스럽게 사는 슬픈 여인에게

주시는 하나님의 약속은 상상을 초월한다. 남편이 있고 아이들을 낳은 여자보다 훨씬 더 많은 자녀를 주신다고 하셨다. 외롭고 수치스러운 여인은 우울하고 움츠러들기 쉬운데, 아무것도 하지 않고 멍하니 있어서는 안 된다. 일어나서 천막을 치고 천막 줄을 넓히라고 하셨다. 좌우로 뻗어 나가라고 하셨다. 나에게서 천막 줄을 넓히는 것은 성경 말씀을 가르치고 기도하는 폭을 크게 하는 일이었다. 넓게 뻗어 나가고 그 말뚝을 튼튼히 하는 일이었다.

하지만 막상 털리도에는 내가 성경 말씀을 가르칠 만한 사람이 주위에 없었다. 그렇다고 아무것도 하지 않고 가만히 있어야 하나? 생각해보니 반드시 내가 살고 있는 지역에서만 성경을 가르쳐야 한다는 법이 없었다. 다만 사고의 범주가 내가 살고 있는 주변으로 영역을 제한하고 있을 뿐이었다. 오히려 하나님은 천막을 치고 천막의 줄을 넓혀 나가라고 하셨다. 먼저 털리도 주변을 살펴보았다. 동쪽 이리호 아래에 있는 도시 클리블랜드에 한국인 부부가 살고 있었다. 그들에게 성경 공부를 제안하자 부부는 흔쾌히 받아들였다.

일주일에 한 번씩이었다. 하루 8시간 병원 근무가 끝나면 직장에서 바로 클리블랜드를 향해 3시간을 운전해 갔다. 오후 7시쯤 도착하면 그들 부부는 저녁밥을 차려놓고 나를 기다리고 있었다. 창세기 1장부터 시작했다. 성경 공부가 끝나면 다시 3시간 운전해서 털리도로 돌아왔다. 보통 새벽 1시쯤 나의 다락방에 도착했다. 얼른 씻고 나서 잠깐 눈을 붙인 뒤 새벽 5시에 일어나 근무 나갈 준비를 했다.

클리블랜드의 부부가 다른 사람들을 소개해서 한 그룹이 더 늘었다. 그때부터 나는 일주일에 두 번씩 털리도와 클리블랜드를 오가며 생활했다.

여느 때처럼 클리블랜드에서 성경 공부를 마치고 고속도로를 달려 새벽 1시 무렵 내 다락방에 도착한 날이었다. 사람의 몸이란 한계가 있기 마련이다. 그 한계가 넘으면 몸도 어찌할 줄 모른다. 그날은 피로가 도를 넘어 내 몸이 어찌해야 할 줄을 모르는 것 같았다. 피곤하다는 표현은 너무 고상한 말이었다. 온몸이 쑤시고 아프고 괴로워 숨쉬기조차 힘들었다. 잠깐이라도 눈을 붙여야 아침에 출근할 텐데 모든 세포가 시퍼렇게 눈을 뜨고 있어서 도무지 잠을 이룰 수 없었다.

나는 다락방 침대 아래에 무릎을 꿇었다. 하염없이 눈물만 줄줄 흘리다가 하나님께 기도했다.

"하나님, 제가 잠을 좀 자야 아침 일찍 근무를 나갈 수 있는데 너무 피곤해서 잠을 이룰 수가 없습니다. 제발 잠 좀 자게 해주십시오."

짧은 기도를 끝내고 아직 무릎을 꿇고 있는데, 순식간에 따뜻한 기운이 전신으로 번지면서 몸과 마음이 평안해졌다. 침대에 오르니 마치 깃털 위에 누운 것처럼, 구름 위에 누운 것처럼 포근해서 금세 잠이 들었다.

나는 승리할 것을 이미 알고 있다

성경 공부를 하던 클리블랜드의 한국인 부부의 남편이 뉴욕에 있는 한 회사로부터 엔지니어 스카우트 제의를 받았다. 그 무렵 나는 그들 부부에게 털리도에 교회를 세우고 하나님을 섬기겠다는 이야기를 들려주었다.

그이는 뉴욕의 회사에서 연봉 5만 달러를 받기로 한 상태였다. 요즈음 가치로 환산하면 10만 달러가 넘을 큰 액수였다. 그들과 함께 교회 일을 하고 싶었으나 줄 것은 아무것도 없었다. 내가 보증할 수 있는 것은 많은 고생이었고, 준비된 거라고는 혼자 살고 있는 조그만 다락방뿐이었다.

어느 하나 내세울 것 없는 내가 그들과 같이 교회 일을 하고 싶었던 이유는 두 가지였다. 하나는 그들을 위한 것이었고, 다른 하나는 나를 위한 것이었다. 그들을 위한 것은 장차 세워질 털리도 교회의 조상이 되는 일이었다. 믿음의 조상이라는 위치는 특별하다. 믿음의 조상 아브라함은 하나님의 각

별한 사랑을 받았고, 믿음의 사람들에게 영원한 본보기가 되었다. 이 두 부부에게 믿음의 조상으로서 사랑과 존경과 축복을 받을 수 있는 기회를 주는 것이었다. 나는 내심 그들이 이 기회를 붙들기를 바랐다. 또 하나 나를 위한 것은 그들을 내 믿음의 동역자로 얻는 일이었다. 선교지에서 동역자를 얻는 것은 전쟁터에서 천군만마를 얻는 것과 같다. 동역자와 한마음으로 하나님을 섬길 때 성령을 담는 그릇을 함께 빚는 일이 된다. 이것이 곧 교회를 세우는 지름길이다.

나의 바람과는 달리 두 부부는 새 직장이 있는 뉴욕으로 갔다. 그들이 떠나자 다른 모임도 흩어져버렸다. 동역자들을 잃은 나는 더 이상 클리브랜드로 가지 않았다. 이제는 털리도에서 성경 가르치기에 집중했다.

나는 교회를 세우기로 작정하고 좀 더 넓은 곳으로 거처를 옮겼다. 젊은이들이 많이 사는 털리도대학교와 가까운 아파트의 반지하 집을 얻었다. 나는 거기에서 예배와 설교를 시작했고, 하나둘 사람이 모여들었다.

해가 지날수록 하나님의 약속[이사야 54: 1~5]은 빠르게 이루어지고 있었다. 영적인 자녀들이 성장하고 털리도 교회는 뻗어 나갔다.

그로부터 몇 년 뒤, 교회 수양회에서 뉴욕으로 갔던 부인을 만났다. 그녀가 말했다.

"그때 선교사님 말씀을 듣는 게 옳았어요. 저희는 뉴욕으로 가지 말고 털리도로 갔어야 했어요."

그 부인은 하나님께서 털리도 교회를 얼마나 축복하셨는지 너무 감사하다며 미소 지었다. 수양회에 참석한 나의 많은 영적 자녀들을 눈으로 보았던 것이다. 나도 미처 알지 못했던, 전혀 눈치채지 못했던 어려움이 뉴욕에서 이 가족을 기다리고 있었다. 그 부인은 가족이 뉴욕에서 겪어야 했던 어려움을 차마 말로 다하지 못했다.

나의 손바닥을 때렸던 그 뉴욕 새 지부장의 행동은 무엇에 근거했는지는 알 수 없으나 나는 그저 하나님의 말씀을 투쟁의 기초로 삼고 대응했을 따름이었다. 인간의 하찮은 속셈이 하나님의 말씀을 이길 수 있을까?

이후 다른 사람과 마찰이 있을 때면 나는 내 행동의 기반을 하나님의 말씀에 둔다. 반대에 부딪히고 수적으로, 또 큰 목소리에 밀려 열세에 몰릴 때가 있어도 나는 내가 승리할 것을 이미 알고 있다. 생전에 승리를 얻지 못한다면 하나님의 말씀에 기초한 나는 죽은 뒤에라도 승리할 것이다.

—

나는 왜 이토록 고생스러운 신앙생활을 하고 있는가 하는 질문에 아무런 답변도 얻을 수 없었다. 다만 내가 내린 결론은 '나는 그들과 다르다'는 말이었다. 마침내 고속도로에서 5달러의 기름을 넣고 집으로 향하면서 생각했다. '나는 그들과 다르다. 나는 계속 다를 것이다.'

주님, 집에 가게 해주십시오

병원의 간호사 업무가 하루 쉬어서 좀 일찍 인근 도시로 성경 공부를 떠난 날이었다. 즐겁게 성경 공부를 마치고 털리도의 집으로 차를 몰아 가던 중 낭패를 당했다. 고속도로 위에서 자동차의 연료가 바닥나버린 것이었다.

그나마 다행으로 멀지 않은 곳에 있던 휴게소의 주유소까지는 간신히 차를 끌고 갈 수 있었다. 아침에 집을 나설 때 현금이 없어서 수표책만 들고 나왔다. 신용카드는 없었고 현금 아니면 수표를 쓰던 시절이었다. 연료 게이지가 바닥을 가리켰지만 웬만하면 다녀올 수 있겠거니 여기고 떠났는데 역시나 돌아오는 도중에 연료가 떨어진 것이었다.

주유소 직원에게 5달러를 기입한 수표를 건네자 손을 저으며 거절했다. 수표는 받지 않는다는 것이었다. 난감했다. 나는 뒤돌아 나와 휴게소 옆 잔디밭에 주저앉았다. 어떻게 해야 하나? 현금은 없고 수표는 받지 않고 자동차의 연료는 다 떨어졌고…. 그날 휘발유 값은 1갤론에 36센트였다. 1갤론은 약 3.8리터, 2달러만 있어도 너끈히 집에 갈 수 있을 텐데 참 난감한 상황이었다. 나는 잔디밭에 앉아 기도했다.

"주님, 집에 가게 해주십시오."

그러고는 5달러 수표를 들고 다시 주유소 직원을 향해 걸어갔다. 젊은 백인 남자였는데, 내가 다가가는 것을 보고는 고개를 설레설레 흔들었다. 수표는 받지 않겠다는 신호였다. 나는 다시 돌아서서 잔디밭으로 가 앉았다.

어떻게 하면 집에 갈 수 있을까? 1달러만 있어도 집에 갈 수 있을 텐데…. 고속도로를 달리던 차들이 이따금 휴게소에 들러 연료를 채운 뒤 떠나고는 했다. 기름을 넣으러 온 사람한테 2달러만 달라고 사정해볼까? 기름을 넣고 있는 사람 가까이 다가갔다. 그러나 차마 '2달러만 주세요' 하는 말이 입 밖으로 나오지 않았다. 모르는 사람에게 2달러를 얻는 것은 불가능한 일이었다.

나는 다시 잔디밭으로 돌아와서 앉았다. 아무런 대책 없이 한참을 앉아 있었다. 그리고 또 기도를 한 뒤 용기를 내어 수표를 손에 들고 주유소 직원을 향해 걸어갔다. 그는 내가 오는 것을 보고 멀찌감치서 고개를 가로저었다. 나는 다시 잔디밭으로 돌아와 앉았다.

나는 그들과 계속 다를 것이다

나의 마음은 힘들어져 갔고 퍼렇게 멍들기 시작했다. 내 마음을 힘들게 한 것은 성경 공부를 거절하고 나를 멸시하는 사람들이 아니었다. 교회에 와서 하나도 돕지 않고 노른자만 쏙쏙 빼가는 얌체 같은 신자들도 아니었다. 내 마음을 힘들게 하는 사람들은 이상적으로 신앙생활을 하는 모범적인 신자들이었다.

그들은 주일 예배에 빠짐없이 참석했고 십일조도 꼭 했다. 교회 행사에서 자기가 맡은 일을 열심으로 해냈다. 그리고 먹고 싶은 음식 먹고, 입고 싶은 옷 입고, 멋진 가구도 사들이고, 취미 생활도 즐기고, 가끔 여행도 다니고, 좋은 차도 타고, 좋은 집에서 사는 사람들이었다. 마치 하나님께서 축복하셔서 그 복을 아름답게 누리며 사는 것으로 보였다.

나는 왜 그들처럼 신앙생활을 하지 않았나? 나도 그들처럼 여유롭게 살면서 평안히 신앙생활을 할 수는 없나? 그들은 꼬박꼬박 돈을 모으며 부를 쌓아가는데 나는 왜 기름값 2달러가 없어 집에도 못 가고 여기 앉아 있어야 하나? 나는 왜 온갖 고생 다하는 신앙생활을 하고 있나?

서글픈 생각이 들었다. 풀타임으로 일하지만 매달 남는 것은 없다. 돈 떨어지고 식료품마저 떨어져 굶은 적도 있다. 성경 공부를 위해 돈과 시간을 아낌없이 썼다. 성경 공부를 하러 다른 도시로 한 번 가면 5~8시간이 걸렸다. 왕복 기름값도 자비로 충당했다. 직장에서 5~8시간을 오버타임으로 일하면 수입이 상당할 것이다. 하지만 그렇게 돈을 버는 일은 내 마음 안에 들어오지 않았다. 성경 공부는 하늘의 일이었다. 결코 돈으로 따질 수 없었다.

한 사람이 말씀을 받고 하나님 앞으로 나아오면 나는 기뻤다. 하늘의 천사들도 기뻐하고 하나님도 기뻐하실 터였다. 나는 그 일에 돈과 시간을 아낌없이 바쳤다. 내가 하는 일이 옳다고 믿었고, 힘들지만 기쁜 마음으로 기꺼이 실천했다.

그러나 그날은 평온하게 신앙생활을 하는 그 모범 교인들 때문에 내 마음이 무척 심란했다. 그렇다고 해서 그들과 똑같은 신앙생활을 하고 싶다는 생각은 아니었다. 다만 그들의 일상이 나를 힘들게 한다는 것이었다. 나는 왜 이토록 고생스러운 신앙생활을 하고 있는가 하는 질문에 스스로 아무런 답변도 내놓을 수 없었다. 그러다가 내가 내린 결론은 '나는 그들과 다르다'는 말이었다. 나는 그들과 다르기 때문에 그들과 다른 신앙생활을 하고 있는 것이었다.

내가 잔디밭에서 보낸 시간은 족히 3~4시간은 되었다. 그동안 주유소 직원에게 네다섯 번은 갔다.

해가 서산 너머로 기울고 있었다. 다시 기도를 하고 주유소 직원에게 갔다. 그런데 이번에는 그가 고개를 가로젓지 않았다. 그는 웃으며 내가 건네는 수표를 받았다. 나는 자동차에 5달러어치 휘발유를 넣고 털리도로 향했다.

'나는 그들과 다르다. 나는 계속 다를 것이다.'

—

짝퉁 가짜 종교인이 교회 안에서 활동한다. 교회는 거룩한 하나님의 집이요, 주님의 몸이다. 그들은 입에 칼을 품고 싸우러 오시는 주님을 만나게 될 것이다. 하루라도 더 오래 살고 싶으면 하나님의 교회 안에서 거짓말과 속임수 쓰는 일을 그만두는 것이 좋다.

10 ——————— 짝퉁 종교인들

가짜가 진짜 행세를 하는 세상

역사는 오하이오주 털리도의 월세 65달러짜리 다락방에서 시작되었다. 그리고 세월이 흐르면서 많은 변화가 있었다. 그 사이 나는 결혼을 했고, 남편과 함께 다락방 교회를 열심으로 개척해 나갔다. 15년이 지나는 동안 교회는 크게 성장했다. 그러던 중 남편과 나는 교회 지도부의 일을 거듭 지적하다가 쫓겨나게 되었다.

그로부터 한참 뒤 한국을 방문했을 때, 한 모임에서 털리도 교회를 어떻게 개척했는지 간증한 일이 있었다. 간증이 끝나고 학생들과 면담 시간을 가졌는데, 그때 한 남학생이 나서서 말했다.

"얼마 전 어떤 선교사님으로부터 털리도 교회 개척에 관한 보고가 있었습니다. 저희는 큰 은혜를 받았고, 저희에게도 그 선교사님 같은 믿음을 주시라고 소리 높여 기도했습니다."

이어 여학생이 말했다.

"저희는 무척 혼동됩니다. 도대체 누구 말을 믿어야 할지 모르겠습니다. 누가 털리도 교회를 개척했나요?"

나는 간단히 대답했다.

"제가 했습니다."

가짜가 진짜 행세를 하는 세상에서 살고 있다. 가짜 명품 백, 가짜 명품 시계, 가짜 명품 옷, 가짜 보석, 가짜 졸업장, 가짜 재벌 2세…. 이런 세상에서 바로 살려면 진짜와 가짜를 구별해내는 분별력이 있어야 한다. 분별력이 없으면 속는다. 속아서 가짜가 버젓이 진짜 행세를 하도록 방관하게 된다.

나는 교회 개척자도 가짜가 있다는 것을 그때 처음 알았다. 또 선교사도 가짜가 있음을 알게 되었다.

한번은 수양회에 가서 선교 보고를 듣던 중 그것이 가짜 이야기임을 직감한 일이 있었다. 선교 보고자는 여러 가지 자료를 활용하면서 증언했다. 현지인과 찍은 사진을 내보이며 말했는데, 정작 선교 활동 중에 겪게 되는 산 경험담이 없었다. 선교 현장에 있은 사람만이 말할 수 있는 그런 생생한 이야기가 빠져 있었다.

선교 보고 가운데 "그날 식사 준비로 소를 잡았다"고 하는 대목이 있었다. 그러자 곁에 있던 이가 "소가 아니고 돼지였다"라고 바로잡아주었다. 그도 그곳에 있었다고 했다. 마을의 큰 모임에서 준비하고 있는 고기가 소인지 돼지인지 구분을 못 한다는 것이 좀 이상하다 싶었다. 그것이 돼지임을 분명히 알았다는 사실은 그만큼 중요한 요소였음을 반증했다.

또 선교지에서 찍었다는 사진을 보여주는데, 그때 거기 있었다는 분은 뭔가 다르다고 했다. 그날 비가 많이 내렸는데 사진에는 정작 비 온 흔적이 보이지 않았던 것이다. 비가 많이 내렸다는 것은 그곳에 있던 사람만이 알 수 있는 현장 증명이었다.

수양회가 끝나고 집으로 돌아와 가짜로 직감한 선교사의 정체를 알아내고자 기도를 시작했다.

"주님, 주님 눈에는 ○○○ 선교사님이 어떻게 보이십니까? 주님 눈에 보이시는 그대로 저도 보게 해주십시오."

몇 달은 그렇게 기도한 것 같다. 나는 무엇을 알 때까지 기도한다. 끝까지 기도한다. 그러던 어느 날 꿈에 그의 모습을 보았다. 그는 교회 정수기에 불법으로 수도관을 연결해서 정수된 교회 물을 자기 쪽으로 빼돌리고 있었다. 교회로 가야할 정수된 물을 훔치고 있었던 것이다. 그의 팔과 몸은 여기저기 헌데로 뒤덮여 있었다. 처참하기도 하고 불쌍하기도 했다. 나는 꿈에서 본 그 모습을 혼자 간직했다. 그가 가짜 선교사라는 것은 정식 조사를 통해 증명되어야지 내 꿈으로 증명될 수는 없었기 때문이었다. 선교사로 자처하는 그는 그저 도둑이었다.

하루라도 더 오래 살고 싶으면

2명의 짝퉁 종교인에 대해 이야기했다. 이런 문제는 초대교회에도 있었고, 오늘의 교회에도 있는 문제다. 그들은 수백 명, 수천 명이 모인 수양회의 강사가 되어 청중의 마음을 사로잡았다. 요한계시록을 보자.

예베소 교인들은 짝퉁 가짜 종교인들을 드러내는 데 일가견이 있었다. 가짜 냄새를 맡고 시험하여 가짜들을 솎아냈다. 그것으로 주님에게 인정을 받았다.[계시록 2: 2]

그러나 버가모 교인들은 영적으로 민감하지 못하고 두리뭉실하여 그 교회에서는 짝퉁 가짜 종교인들이 어깨를 펴고 진짜처럼 행세하고 있었다.[계시록 2: 14~15] 주님은 버가모 교인들에게 이 점을 회개하라고 말씀하셨다. 교인들이 이 문제를 해결하지 않으면 주님께서 주님 입의 검으로 직접 싸우겠다고 말씀하셨다.

사회의 짝퉁 가짜들은 속고 속이는 세상에서 활동한다. 그러나 짝퉁 가짜 종교인은 교회 안에서 활동한다. 교회는 거룩한 하나님의 집이요, 주님의 몸이다. 거룩한 하나님의 집에서 거짓말과 속임수로 활동한다. 그들은 입에 칼을 품고 싸우러 오시는 주님을 만나게 될 것이다.

하루라도 더 오래 살고 싶으면 하나님의 교회 안에서 거짓말과 속임수 쓰는 일을 그만두는 것이 좋다.

—

남의 이목이 부끄러워 목회자가 자신의 죄를 자복하지
않으면 언젠가 곪아 터져서 온 세상이 알게 된다. 그런
목회자님들께 말씀드리고 싶다. 체면을 유지하는 회개는
없으니 하나님과 교회 앞에서 모든 죄를 솔직히 고백하
시기를.

11 ——————————— 목회자들의 회개

내 영혼에 먹구름이 된 스마트한 흑인 의사

평신도도 인간이고 죄인이어서 회개해야 한다. 목회자도 인간이고 죄인이어서 회개해야 한다. 죄를 자복하는 회개는 어렵다. 초신자들의 회개는 그나마 쉬운 편이나 목회자들의 회개는 더 힘들다. 나는 이것을 경험으로 알게 되었다.

병원의 투석 부서에서 간호사로 일할 때였다. 의사들은 백인, 흑인, 동양인, 남자, 여자 등 다양했는데 그들과 평소 거리감 없이 지낸 편이었다. 그중 한 흑인 의사가 상당히 똑똑해서 관심이 갔다. 나는 그가 카리브 제도 어디에서 왔다고 들었다. 피부색은 아주 검은 편은 아니었다.

나는 항상 환자 상태를 보고 '왜 그럴까?' 하며 내가 가진 온갖 지식을 동원해서 체크했다가 의사가 오면 물어보고는 했다. 유달리 그 흑인 의사와의 대화에서 그가 아주 현명하고 지혜롭다는 생각을 갖게 되었다. 나는 평소 스마트한 사람을 좋아했다.

나는 그 흑인 의사의 환자를 좀 더 관심 있게 대해주었고, 그도 나의 친절을 고맙게 여기는 것 같았다. 은근히 그가 진료 오는 시간을 기다렸다. 그가 나타나면 왠지 마음이 즐거웠다. 그런 기분으로 몇 달을 일했다. 그것이 전부였다.

그런데 그것 때문에 내 영혼에 어둠이 깔릴 줄은 나도 몰랐다. 마치 소나기가 내리기 직전에 검은 구름이 덮이듯이 내 영혼이 어두워진 것이었다.

나는 무릎을 꿇고 죄를 자백하고 주님의 용서를 구했다. 그런데 내 영혼은 밝아지지 않고 여전히 어두웠다. 성령의 오심으로 죄를 소각하는 일도 일어나지 않았다.

왜 그럴까? 나는 내가 초신자였을 때 어떻게 죄를 자복하고 회개하고 성령의 세례를 받았나 그 과정을 돌이켜보았다. 나는 초신자 때 하나님 앞에서 나의 죄를 자복하고 용서를 빌었다. 그때 주위에는 하나님뿐이었고 사람은 아무도 없었다. 그래서 꼭 그대로 했다. 그러나 하나님은 응답이 없었고 내 영혼은 여전히 어두웠다.

이런 과정을 통해 나는 하나님과 교회와 사람 앞에서 죄를 자복하고 회개하기를 하나님은 원하신다고 깨달았다. 이는 내가 교회 목사님의 사모이고 목회자이기 때문이었다.

그것은 정말 어려운 일이었다. 교인들이 나를 오해하지나 않을까? 남편은 또 어떻게 생각할까? 참으로 난감했다. 잘못하다가 가정이 망가지지나 않을까? 창피해서 어떻게 말하나? 그래서 자복하는 일은 차일피일 미루어졌다.

체면을 유지하는 회개는 없다

나는 어려움을 잘 참는 편이었다. 추위나 더위, 피곤과 가난, 슬픔과 아픔 따위를 잘 참으며 살아왔다. 그러나 그 일로 하나님과의 관계가 끊기고 내 영혼이 어두워진 것이 무척 고통스러웠다. 너무 힘들어서 견딜 수 없었다. 교인들이 뭐라 하든, 남편이 어떻게 나오든 문제되지 않는다고 마음을 단단히 다잡았다.

'할 테면 해라. 나는 하나님과의 관계성을 회복해야겠다.'

나는 죄에 대한 소감문을 써서 소모임에 나가 읽었다. 물론 남편도 그 자리에 있었다. 그런데 전혀 예상하지 않은 일이 일어났다. 내가 글을 읽으며 죄를 고백하기 직전 옆방에서 전화벨이 울렸고, 남편이 일어나 전화를 받으러 나갔다. 나는 소감문을 계속 읽어 나갔다. 나의 죄를 자백하는 대목의 읽기가 끝나자 남편이 돌아와서 자리에 앉았다. 나는 하필 그때 전화가 걸려온 것이 우연인지 아니면 하나님께서 우리 가정을 지켜주시려는 배려였는지 알 수 없었다. 그저 우연으로 돌리기에는 타이밍이 너무나 절묘하게 딱 들어맞은 것이었다.

하나님은 나의 자복을 받으시고 응답하셨다. 내 영혼에 드리웠던 먹구름 같은 어둠이 사라졌고 그 자리로 다시 빛이 들어오기 시작했다. 죄의식도 모두 없어졌다. 목회자가 죄를 지었을 때, 하나님은 죄 지은 그가 하나님과 교회 앞에서 자복하고 회개하기 원하심을 그때 분명히 배웠다.

그 일이 너무너무 힘들었기 때문에 나는 다시는 마음으로라도 죄 짓지 않겠다고 다짐했다. 조그만 생각 하나라도 죄가 된다면 즉시 회개하고 마음에서 쫓아냈다. 앞으로 두 번 다시는 하나님과 교회 앞에서 죄를 회개하고 자복하는 일을 하고 싶지 않았다.

남의 이목이 부끄럽고, 자기 체면을 지키려고 목회자가 공개 회개를 하지 않으면 언젠가 곪아 터져서 온 세상이 알게 된다. 그야말로 호미로 막을 것을 가래로도 막기 힘들게 되는 것이다. 모르고 지은 죄는 처벌이 좀 가벼우나 알면서도 지은 죄는 처벌이 더 무겁다.

자신의 체면을 적당히 유지하면서 회개하려는 목회자님들께 말씀드린다.

"체면을 유지하는 회개는 없습니다. 하나님과 교회 앞에서 모든 죄를 솔직히 고백하시기 바랍니다."

> 주인의 뜻을 알고도 준비하지 아니하고 그 뜻대로 행하지 아니한 종은 많이 맞을 것이요, 알지 못하고 맞을 일을 행한 종은 적게 맞으리라. 무릇 많이 받은 자에게는 많이 요구할 것이요, 많이 맡은 자에게는 많이 달라 할 것이니라.
>
> ― 누가복음 12 : 47~48

—

천국 잔치에 와서 기뻐할 줄 모른다. 잠시 더러운 냄새가
갇힌 상자의 뚜껑을 열었는데 그 악취를 더 맡으려 든다.
죄를 회개하고 하나님께 돌아오는 것이 얼마나 기쁜 일
인가? 탕자의 아버지는 너무 기뻐서 큰 잔치를 열었다.

12 ── 남의 죄에 호기심이 발동한 사람들

죄를 자복하는 회개가 사라지는 교회

처음 공개 회개를 한 이후 나는 자복할 일이 있으면 꼭 소감문을 써서 모임에 나가 읽었다. 마음속 구름을 걷어내면 환한 햇살이 비치기 마련이다.

나의 죄를 자복하는 소감문을 읽은 어느 날이었다. 모임이 끝난 뒤 평소 조용하고 점잖은 남자 선교사님이 나를 찾아왔다. 그는 싱글싱글 웃으며 나의 죄에 대해 좀 더 알고 싶다고 말했다. 기가 막히는 노릇이었다.

또 한 번은 얌전하고 지적으로 보이는 여자 선교사님이 나의 공개 소감문을 들은 뒤 찾아왔다. 얼굴에 미소를 띠고는 나의 죄에 대해 좀 자세히 알고 싶다고 했다. 교회 사모의 죄에 호기심이 발동해서 참을 수 없는 모양이었다.

다른 사람도 나의 자복에 대해 관심을 가질 수 있을 것이다. 그러나 예의가 있고 체면이 있어 궁금증을 스스로 억눌렀을지 모른다. 하지만 나를 찾아온 두 사람은 그렇지 않은 것 같았다. 마치 흥미로운 스캔들을 캐듯 호기심을 발동시키는 사람 앞에서 누가 죄를 고백하겠는가? 호기심을 참지 못하는 그런 이들 때문에 교회에서 죄를 자복하는 회개가 사라지고 있다.

그것이 얼마나 기쁜 일인지

교회가 교인들이 모여 서로 돈 자랑, 집 자랑, 차 자랑, 자식 자랑, 옷 자랑, 성공 자랑 따위를 늘어놓는 사교 장소로 변해가고 있다. 죄인들을 구할 수 없다. 이제 죄인들은 어디로 가야 하나?

어떤 이가 나를 찾아와 한 교인의 죄에 관해 알고 싶다며 말해달라고 했다. 나는 그에게 대답했다.

"저에게 한 가지만 약속하십시오. 그분의 죄를 들으신 후 몇 달이든 몇 년이든 그 문제가 해결될 때까지 매일 기도하겠다고 약속하시면 말씀드리겠습니다."

그러자 그분은 돌아서 나갔다. 남의 뒤를 알고는 싶은데 그를 위해 기도하기는 싫은 것이다.

한 죄인이 회개하면 하늘의 천사들이 기뻐한다고 했다. 죄를 회개하고 하나님께 돌아오는 것이 얼마나 기쁜 일인가? 탕자의 아버지는 너무 기뻐서 큰 잔치를 열었다.[누가복음 15: 23] 이것이 천국 잔치다.

그런데 이 천국 잔치에 와서 기뻐할 줄 모른다. 잠시 더러운 냄새가 갇힌 상자의 뚜껑을 열었는데, 그 더러운 냄새를 더 맡으려 든다. 악취를 "더 풍겨주세요"라고 정중히 부탁한다.

이들은 죄를 지어본 적이 있나? 이들은 죄의 어둠 속에서 방황해본 적이 있나? 이들은 하나님과 사람들 앞에서 자기 죄를 자백해본 적이 있나? 이들은 그것이 얼마나 힘든 일인지 알고 있나? 이들은 영혼의 흑암 속에서 광명으로 나온 적이 있나? 그것이 얼마나 기쁜 일인지 알고 있나?

하나님과 사람 앞에서 자기 죄를 자복하고 회개하는 것은 듣는 이의 호기심이나 충족시키는 일이 아니다. 회개한 사람과 함께 기뻐하고 그의 앞날을 축복해주어야 한다.

—

나와 하나님과의 대결에서 우리는 이겨야 한다. 우리의 끈질긴 기도에 하나님께서 항복하실 때까지 기도해야 한다. 우리는 기도로써 하나님을 항복시켜야 한다. 하나님께서 우리의 기도에 응답하시는 그날은 기쁨의 날이요, 승리의 날이며, 기적을 체험하는 날이다.

13 ——————— 기도는 그 끝이 있다

10년을 기도했는데 왜 안 낫지?

기도는 기도하는 그 순간 바로 이루어지기도 하나 몇 달, 몇 해를 가기도 한다. 그러나 반드시 끝이 있다. 기도의 끝은 하나님께서 마침내 응답하실 때 그 끝을 맺는다.

우리에게 문제는 기도를 하다가 중단하는 데 있다. 몇 번 기도해보다가 그만둔다. 끝까지 하지 않는다. 기도해도 소용없다면서 인간적인 해결 방법을 찾으려 든다.

얼마만큼의 기도에 응답하실지는 하나님께서 결정하실 일이다. 여기서 분명히 말하고 싶은 것은 기도는 반드시 그 끝이 있다는 점이다. 그래서 나는 끝이 날 때까지 기도한다. 끝이 나면 그 기도 제목은 막을 내린다.

기도를 시작하면 10년이든 20년이든 30년이든 끝까지 해야 한다. 이삭은 아이를 낳지 못하는 리브가를 위해 20년을 기도했다. 나의 가장 긴 기도 제목은 15년 동안 계속되었고, 15년 만에 그 끝을 맺었다.

휴스턴에서 남동쪽으로 80킬로미터 떨어진 곳에 갤버스턴 섬이 있다. 이름난 휴양지인 그곳 해변 바다 위 호텔에서 수양회가 열린 적이 있다. 40여 명의 선교사님들이 오셨는데, 거기서 나는 식사를 담당했다. 첫 식사를 준비하고 있을 때 한 남자 선교사님이 와서 자신은 건강이 좋지 않아 채식을 해야 한다고 말했다. 처음 뵙는 분이었는데, 겉보기에도 많이 편찮은 것 같아 내내 마음이 무거웠다.

수양회가 끝나고 나는 이 선교사님의 병이 다 나을 때까지 기도하겠다고 작정했다. 한 사람이 낙오하면 전체 성장이 별 의미가 없다. 이 형제님 한 분을 회복시켜서 함께 나아가야 하기에 전체 이상으로 중요했다. 나는 그분을 마음의 품에 안고서 아픈 곳을 마음의 손으로 어루만지며 기도했다.

처음에는 그를 위해 하루에 세 번씩 기도했다. 얼마 뒤 하루에 두 번, 그다음에는 하루에 한 번 기도했다. 그는 머리에서 발끝까지 예닐곱 가지 병이 있었는데, 몸 하나에 그렇게 많은 병이 있을 수 있다니 믿기지 않았다.

내가 기도하는 것을 알고 어떤 이가 그에 대해 '문제가 있다'면서 너무 애쓰지 말라고 했다. 하지만 내가 믿는 하나님은 전능하시기에 그에게 어떤 문제가 있는지는 아무 상관이 없었다. 나는 계속 기도했다.

그로부터 10년쯤 지났을까? 나는 미국의 중남부인 텍사스주 휴스턴에 있고 아픈 이는 동부 끝인 노스캐롤라이나주 롤리에 있었기에 가끔 수양회 때나 만나는 정도였다. 그에 관한 특별한 얘기가 들리지 않아 나았으려니 여기고 기도를 멈추었다. 그러나 얼마 안 가 부인으로부터 남편의 상태가 나빠지고 있다는 소식을 들었다. 나는 다시 기도를 시작했다. 이해할 수 없는 일은 그토록 기도를 많이 했는데도 건강이 안 좋아진다는 것이었다. 그래도 기도를 계속했다. 마침내 그 기도의 끝이 왔다. 15년이 지난 뒤였다.

기적으로 장식해주신 15년 기도의 끝

김 선생님이라는 분이 어학연수차 휴스턴에 왔다가 우리 교회에 나오셨다. 그는 카이로프랙터(척주 지압 요법사)인데, 자신이 병을 고친 이야기를 들려주었다. 나는 오래도록 기도하고 있는 아픈 선교사님에 대해 이야기했고, 그를 고칠 수 있겠느냐고 물었다. 그가 한마디로 대답했다.

"네!"

"그럼 당장 노스캐롤라이나주 롤리로 가세요!"

그런데 김 선생님은 꼭 아내와 함께 가야 한다고 말했다. 그러려면 왕복 비행기표를 2장 끊어야 하는데, 경비를 줄이기 위해 아픈 이를 휴스턴으로 모셔 와서 치료하는 게 어떻겠느냐고 제의했다. 그러자 김 선생님은 반대했다. 남의 집에서 불편하게 지내면 치료가 어렵다는 것이었다. 무엇보다 마음이 편해야 병이 잘 나을 수 있는데, 최선의 환경은 자기 집에서 지내며 가족이 돕는 것이라고 했다.

"좋아요. 그럼 부인과 함께 얼른 떠나세요."

그런데 무거운 철제 안마 테이블을 가져가야 한다는 것이었다. 운송비가 만만찮았다.

"좋아요. 안마 테이블 항공 우송료도 지불하겠습니다."

교회 동역자님들이 기꺼이 모든 경비를 부담했다.

김 선생님은 환자의 상태가 심각한 편이어서 치료에 두세 달은 걸릴 거라고 했다. 하지만 어학연수 일정에 한 달 남짓한 여유밖에 없어서 거기에 맞춰 왕복 비행기표를 끊은 상태였다.

아픈 선교사님의 부인은 만약 이번에도 고치지 못하면 남편이 죽을지도 모른다고 말했다. 나는 그녀에게 존경심마저 들었다. 여느 남편들은 좋은 직장에 다니며 돈도 잘 벌고 함께 여가도 즐기는데, 긴 세월을 아픈 남편 뒷바라지로 보내기란 결코 쉬운 일이 아니었다. 그런 사랑을 위대하다고 하지 않을까? 무엇을 성취했다, 돈을 얼마큼 벌었다, 얼마나 잘나간다 하는 데서 나는 존경심을 느낀 적이 없었다. 그녀는 벼랑 끝에 선 심정일 거여서 그저 안타깝고 더 존경스러워 보일 따름이었다.

대엿새가 지났을 즈음, 김 선생님의 전화를 받았다.

"어젯밤 선교사님이 아무 약도 안 드시고 주무셨습니다."

아픈 선교사님은 심한 불면증으로 의사가 처방해준 약도 모자라 진정제 한두 가지를 더해서 복용하고 있었다. 그런데 김 선생님이 치료를 시작한 지 채 일주일도 되지 않아 약을 다 끊고 잠이 들었다고 했다.

이것을 시작으로 나는 날마다 승전보를 듣게 되었다. 그가 지니고 살던 10여 년 묵은 고질병이 하나씩 회복되기 시작했다. 치료 기간이 한 달도 모자랄 거라고 했는데, 겨우 10여 일 만에 회복을 보인 것이었다.

"기적이야. 이것은 내가 한 일이 아니야."

김 선생님 내외가 생각해도 기적 같은 일이었다. 이후 하나님께 쓰임을 받고 휴스턴으로 돌아왔을 때, 우리는 꽃다발을 들고 공항에 마중 나갔다. 너무도 기쁜 날이었다. 하나님은 15년 기도의 끝을 기적으로, 넘치는 기쁨으로 장식해주셨다.

"하나님, 저희는 하나님을 사랑합니다!"

기도가 장기전에 들어갈 때

김 선생님으로부터 자세한 이야기를 들었다. 그의 치료법은 기본적으로 건강한 생활 습관을 갖게 하고 적절한 영양 섭취를 통해 병의 원인을 하나하나 해결해나가는 방식이었다. 잘 먹고, 잘 싸고, 잘 자는 것이 치유의 기본인 것이다.

아픈 이가 건강한 생활 습관을 갖게 하기 위해 하루를 똑같이 생활했다. 아침 6시에 같이 일어나서 같이 걷고 같이 먹고 같이 운동하고 같은 시각에 잠자리에 들었다. 낮잠은 제외시켰다. 영양 관리는 부인이 맡았다. 자연식품, 영양가 높은 음식, 비타민 등으로 식단을 짰다. 그리고 아픈 선교사님의 아내는 식단대로 요리하느라 애썼다.

김 선생님은 가장 먼저 불면증부터 고쳤다. 항상 알람 시계를 곁에 두고 얼마나 잤는지 일일이 체크하는 모습을 보고는 그것부터 없앴다. 알람 시계가 오히려 불면증을 자극한다고 판단했기 때문이었다.

"저는 할 수 있는 것을 다한 뒤 그래도 낫지 않으면 환자의 마음속으로 들어갑니다."

그다음 늘상 복용하던 수면제와 진정제를 손바닥에 올려놓고는 "오늘은 한 알을 빼봅시다" 하면서 약 한 알을 덜 먹고 잠자리에 들게 했다. 그리고 이튿날은 어제의 약에서 한 알을 빼고, 그 다음날은 또 한 알을 빼는 식으로 해서 마침내 약 없이 잠들 수 있게 되었다. 혹시나 금단현상이 일어나지나 않을까 염려스러웠으나 다행히 그런 일은 없었다. 보통 수면제나 진정제 같은 약은 시간을 두고 천천히 용량을 줄여 나가는데, 대엿새 만에 완전히 끊어버렸다.

하나님께서 도우신 것이 틀림없었다. 아무런 부작용도 일어나지 않았다. 그로부터 몇 주 뒤, 건강을 회복한 선교사님은 5킬로미터 마라톤을 하기 시작했다. 의학적으로는 설명할 수 없는 일이었다.

하나님과의 대결에서 우리는 이겨야 한다

기도의 세계에서는 모든 것이 가능하다. 하나님께서는 어떤 기도는 금방 응답하셔서 우리의 문제가 해결이 된다. 그러나 몇 주, 몇 달이 지나도 응답을 받지 못할 때, 기도는 장기전으로 들어가고 상황의 판도가 달라진다.

처음 기도를 시작할 때, 상황은 나와 나의 문제 간 대결 구도를 이룬다. 나의 문제를 해결하기 위해 기도로서 하나님께 나온 것이다.

'나 vs 나의 문제'

그러나 장기전으로 돌입하면 나의 문제는 옆으로 밀려나고 하나님과 나의 대결이 된다. 하나님께서는 '그래? 네 기도하는 믿음이 언제까지 가나 보자' 하는 입장이고, 기도하는 사람은 '주님, 저 아시죠? 저는 절대 포기하지 않습니다. 끝까지 갑니다' 하는 입장이다.

'나 vs 하나님'

이 대결은 예수님께서 원한 맺힌 과부와 세상 무서울 것 없는 재판관의 비유로 설명하셨다.[누가복음 18: 1~5] 주님은 과부의 억울한 사정이 무엇인지, 과부의 원수가 누구인지 밝히지 않으셨다. 그것이 문제 해결의 핵심이 아니기 때문이다. 문제 해결의 핵심은 과부와 재판관 사이에 있었다. 과부의 끈질긴 요청과 재판관의 완고한 주장의 대결이었다.

이 대결에서 과부의 끈질김이 재판관의 완고함을 이겼다. 재판관은 마침내 머리를 굽히고 과부의 억울한 사정을 들어주었다. 기도가 장기전에 들어갈 때, 우리는 똑같은 상황에 처한다. 나와 하나님과의 대결에 들어가고, 우리는 이 대결에서 이겨야 한다. 우리의 끈질긴 기도에 하나님께서 항복하실 때까지 기도해야 한다. 우리는 기도로써 하나님을 항복시켜야 한다. 하나님께서 우리의 기도에 응답하시는 그날은 기쁨의 날이요, 승리의 날이며, 바로 기적을 체험하는 날이다. 이런 싸움은 꼭 이겨야 한다.

예수님은 이 비유의 끝을 다음 말씀으로 마치셨다.

그러나 인자가 올 때에 세상에서 믿음을 보겠느냐 하시니라.
— 누가복음 18: 8

—

휴거 때 택함 받지 못하고 남은 성도들은 환란의 시기를 보내면서 예수님의 재림을 기다려야 한다. 인류 역사상 한 번도 일어나지 않았던 재난이 연속된다. 그러나 예수님 안에 있는 구원을 자기 생명보다 더 소중하게 여길 때, 그들도 구원을 얻고 하늘의 상금을 받게 된다.

14 ——————— 말세다, 말세!

말세의 때는 오직 하나님 권한

이 세상은 시작이 있었던 것과 같이 또 끝이 있을 것이다. 우리는 끝을 향해 가는 과정 위에 놓인 이 세상에서 살아가고 있다.

언제 말세가 올지 그때는 아무도 모른다. 하나님은 말세의 때를 오로지 하나님 권한에 두셨다.

그날과 그때는 아무도 모르나니 하늘의 천사들도, 아들도 모르고 오직 아버지만 아시느니라.

— 마태복음 24: 36, 마가복음 13: 32

이처럼 천사도 모르고 예수님도 모르는 그날 그때를 인간이 "나는 알고 있소!" 하고 나선다.

초등학교 다닐 무렵이었다. 그때 어떤 교회가 외쳤다.

"우리는 알고 있소! 1986년 8월에 예수님이 오십니다!"

당시는 1960년 초여서 25년 후는 아득한 미래였다. 많은 사람들이 거기로 몰렸다. 어렸지만 뭔가 이상하다 싶었던 나는 속으로 두고 보리라 생각했다. 세월이 흘러 드디어 그들이 말하던 그날이 왔다. 아무 일도 없었다.

이런 일은 여러 번 일어났고, 이따금 일어나고 있고, 또 앞으로도 일어날 것이다. 예수님보다, 하늘의 천사보다 더 똑똑하다는 인간이 나타나서 잠깐 설치다가 재물만 챙기고 사라지고는 한다. 어떤 인간이나 단체가 '그날'에 대해 떠들면 즉시 그곳을 떠나는 것이 옳다.

주님은 오늘 오실 수도 있고, 일주일 뒤에 오실 수도 있고, 한 달 뒤, 2년 뒤, 또는 10년 뒤, 20년 뒤, 그보다 더 뒤에 오실 수도 있다. 이 세상에서 일어나는 일, 이 세상에서 일어날 일을 1초도 빠짐없이 보고 계시는 주님께서 '나의 자녀들에게 가야겠다'고 결정하시는 그 순간에 오신다. 그러므로 우리는 믿음 위에 굳건히 서서 해야 할 일을 하면서 그 순간을 기다려야 한다. 그 순간[누가복음 12: 40]은 예상치 않을 때[마태복음 24: 44] 갑자기[마가복음 13: 36] 온다.

예수님이 그날 그때를 알았다면 제자들에게 가르쳐주실 것이나 자신도 모르기에 모른다고 하시고 말세가 오는 과정을 일러주셨다.

이 모든 것은 재난의 시작이니라.
— 마태복음 24: 8, 마가복음 13: 8

예수님은 말세의 과정을 출산의 진통에 비유하셨다. 아기를 낳아본 어머니들은 잘 안다. 처음에는 진통이 아주 미미하게 시작해서 잘 모른다. 그다음 가끔 한 번씩 찾아와서 견딜 만하다. 그로써 임산부는 산통이 시작되었음을 안다. 시간이 지날수록 진통은 점점 잦아진다. 견딜 만하던 고통도 참기 힘들어진다. 횟수가 잦아지고 강도도 심해진다. 즉, 말세의 과정이 그와 같다는 것이다.

재난이 간헐적으로 일어나다가 횟수가 잦아지면서 그 강도가 점점 커진다고 한다. 태풍, 가뭄, 홍수, 지진, 화산 폭발, 해일 같은 자연재해나 국가 간의 전쟁 같은 인재가 자주 그리고 심하게 일어난다는 뜻이다.

우리는 이미 그 과정 위에서 살고 있다. 최근 몇 년을 비교

해도 재난의 횟수와 강도가 얼마나 더 심해졌는지 쉽게 알 수 있다. 세계적으로 혹한과 혹서, 폭우와 폭설 같은 재해가 얼마나 더 심해졌는지 누구나 잘 안다. 내가 사는 이곳 텍사스주 휴스턴의 여름 기온이 연일 섭씨 40도를 오르내리니 사람들이 공공연히 "말세다, 말세!"라고 말하기도 한다.

사람들의 건강 상태를 보라. 암 환자, 정신병자, 마약중독자 들이 크게 늘고 있다. 40~50년 전 아이들은 가난했지만 강건했는데 요즘 아이들은 몸도 마음도 허약하다. 소아병동에는 성인병을 앓는 아이들도 많다.

아마 내년도 금년보다 살기가 더 힘들 터이다. 재난의 횟수와 강도가 더 심할 것이기 때문이다. 주님께서 말씀하셨다.

무화과나무의 비유를 배우라. 그 가지가 연하여지고 잎사귀를 내면 여름이 가까운 줄을 아나니.

— 마태복음 24: 32

이른 봄 무화과나무에 움이 트고 잎이 나오기 시작하면 누구나 '아, 여름이 오는구나' 짐작한다. 때를 아는 것은 별로 어려운 일이 아니다. 별다른 연구나 공부를 필요로 하지 않는다. 너무나 쉬워서 누구나 상식으로 알 수 있다.

남풍이 부는 것을 보면 말하기를 심히 더우리라.

— 누가복음 12: 55

말세의 때를 아는 것도 이처럼 간단하다. 주님께서 무화과나무의 잎을 비유로 말세의 증상들을 말씀하셨다. 이는 마태복음 24장, 마가복음 13장, 누가복음 21장, 그리고 다니엘과 계시록에 다 적혀 있다. 우리가 거기에 적힌 징조들이 실제 일어나는 것을 보면 때를 가늠할 수 있다. 나는 기상이변이 거듭될 것을 이미 알고 있었다. 홍수가 터질 것은 누가복음에, 폭염이 쏟아질 것은 계시록에 기록되어 있다.

때를 아는 사람과 때를 모르는 사람

주님은 하늘에 구름이 몰려오면 비가 올 것을 안다고 하셨다. 이것은 어린아이도 안다. 네 살짜리 손자가 뒤뜰에서 놀다가 나에게 달려와서 말했다.

"할머니, 검은 구름이 몰려오니 비가 올 것 같아요. 어서 집 안으로 들어가요."

나는 말세에 관해 인간을 두 부류로 나눈다. 하나는 때를 아는 사람, 다른 하나는 때를 모르는 사람이다.

검은 구름이 몰려오는 것을 보고 비가 올 것을 아는 사람은 하던 일을 멈추고 비 피할 준비를 한다. 우산을 가져오고, 야외 활동을 취소하고, 낮은 지대에 주차된 차를 높은 곳으로 옮긴다. 검은 구름이 몰려오는 것을 보고도 비가 올 것을 모르는 사람은 비에 젖을 것이고, 홍수에 떠내려갈 수도 있고, 산사태에 깔릴 수도 있고, 벼락을 맞을 수도 있다. 피할 준비가 되어 있지 않아 피해를 입고 만다. 때를 몰라 준비할 수 없기에 꼼짝없이 당한다.

계속되는 산불은 무엇이 올 것을 예고하나? 섭씨 40도가 넘는 폭염은 무엇이 올 것을 예고하나? 논밭을 휩쓸고 마을을 덮치는 홍수와 산사태는 무엇이 올 것을 예고하나?

너무나 당연하다. 폭염과 홍수가 거듭되면 추수할 농작물이 없어질 테니 기근이 온다. 기근이 올 것을 알면 무엇을 준비해야 하나? 식량과 물을 미리 챙겨두어야 한다. 기근의 때를 알고 준비하는 사람은 안전할 것이다.

그러나 폭염과 홍수를 눈으로 보고도 앞으로 닥칠 일을 모르는 사람은 아무런 준비를 하지 않는다. 식료품 값이 폭등하고 급기야 돈으로도 살 수 없는 지경이 되어서야 비로소 자기 무릎을 친다.

'아, 기근이 왔구나!'

징조를 보고도 때를 깨닫지 못하는 사람은 꼭 온몸으로 당하고서야 뉘우친다. 무화과나무가 무성해지고 열매가 달리는 것을 봐야 여름이 왔음을 안다. 빗소리가 들리고 빗물이 넘치는 것을 봐야 홍수가 난 것을 안다. 그때는 이미 늦었다. 그래서 말세에 사는 사람에게 때를 아는 것이 중요하다.

속지 말고 항상 깨어 있으라

산불과 폭우, 난민과 이주민, 범죄와 희귀병 등의 증가는 무엇을 예고하나? 어떤 이는 때를 모르는 것에 대해 자신은 말세 운운하는 데 휘말리지 않는다고 은근히 대담한 척한다. 예수님은 말세에 대해 이 말씀으로 시작하셨다.

너희가 사람의 미혹을 받지 않도록 주의하라.

— 마태복음 24: 4

누가 너를 속이지 않도록 주의하라는 뜻이다. 때를 아는 것과 더불어 속지 말아야 한다. 이 둘을 합치면 '항상 깨어 있으라'는 말이 된다.

속이는 것은 마귀의 습성이다. 마귀의 속임수는 미끼로 낚시질을 하는 것과 같다. 물고기마다 좋아하는 미끼가 있다. 낚시꾼이 낚싯바늘에 미끼를 매달고 물속에 던지면 물고기는 낚싯바늘은 안중에 없고 맛있는 미끼만 보고 덜컥 문다. 즐거움은 순간이다. 낚싯줄에 끌려가서 마침내 죽음을 맞는다.

말세에는 이 같은 속임수가 하늘의 공기처럼, 바다의 물처럼 넓게 퍼진다. 그래서 주님께서 말세에 관해 가르치실 때 "속지 말라"고 하셨다.

미국 젊은이들 사이에 유행한 노래가 있었다. '루시퍼'를 자꾸 외치는 노래인데, 그것은 사탄의 우두머리 이름이다. 우리 교회의 십대들에게 왜 그 노래를 좋아하느냐고 물어보니 그저 음악이 좋아서 듣는다고 했다. 교회에서 예배 보고 집에 가는 길에 그 노래를 들으며 사탄의 이름을 흥얼거린다. 이미 속은 것이다. 유행한다고, 남들이 한다고 생각 없이 따라하다 보면 자기도 모르게 미끼를 물고 만다.

사업가는 돈을, 학자는 지식을, 정치인은 권력을, 과학자는 새로운 발견과 발명을, 연예인은 인기와 성공을, 예술가는 창작을 원한다. 즐거움을 원하는 자는 쾌락을, 실직자는 직장을 원한다. 마귀는 각각의 미끼를 낚싯바늘에 매달아 던져놓고 기다린다. 저들이 스스로 다가와 덥석 물기를 바란다. 마귀는 이 세상 온갖 왕국과 그 영광을 다 가지고 있다.[마태복음 4: 8] 성공과 기회와 영광을 내건다. 그 미끼를 꽉 물고 기뻐하는 순간은 짧다. 이내 낚싯줄에 질질 끌려 죽음으로 향한다.

말세에는 그 속임수가 만연해진다. 어디에 공짜 놀이가 있다, 헐값의 아파트 분양이 있다, 무엇을 사놓으면 떼돈을 번다, 70퍼센트 할인이 있다, 새로 유행하는 사상이 있다, 어디에서 유능한 사람이 나타났다, 하면서 떠벌인다. 함부로 덥석 물어서는 안 된다. 기도로 주님께 물어봐야 한다.

'주님, 이것을 살까요, 사지 말까요? 이 사람을 만날까요, 만나지 말까요? 그곳에 갈까요, 가지 말까요?'

나는 심지어 어느 식료품점에 가야 하는지도 묻는다. 이것은 적어도 그만큼 신중할 수 있는 여유를 가진다는 의미도 있다. 특히나 망설여지고 갈등되는 일이라면 꼭 기도로 주님께 물어봐야 한다.

너희 중에 누구든지 지혜가 부족하거든 모든 사람에게 후히 주시고 꾸짖지 아니하시는 하나님께 구하라. 그리하면 주시리라.
— 야고보서 1: 5

나는 이 말씀에 의지해서 하나님께 나아가 묻는다. 이 상점에 갈까요? 저 상점에 갈까요? 내게는 미끼 안에 숨겨져 있는 낚싯바늘을 볼 수 있는 눈이 없다. 그러나 주님은 그 속임수를 다 아신다.

말세에 나는 무엇을 택할 것인가?

말세에 신도들이 당면하게 되는 것은 예수님을 부인하는 자는 살려주고 예수님을 믿는 자는 죽이는 상황이다. 말세에 재난의 횟수와 강도가 심해질 때 크리스천의 핍박이 온다. 종교의 자유가 있으나 그 자유가 없어질 날이 온다.

헌법에 보장되어 있는 종교의 자유가 어떻게 없어질 수 있을까? 현실의 예를 들어보자. 사회가 혼란에 빠지는 국가비상사태가 발생해서 계엄령이 선포되면 무기를 든 군사력이 통치를 맡으면서 체포·구금·압수·수색·거주·이전·언론·출판·집회·결사 등이 특별한 조치를 받는다. 일상에서 누리던 자유가 통제되면서 종교도 간섭을 받는 것이다.

주님께서 말씀하셨다.

누구든지 제 목숨을 구원하고자 하면 잃을 것이요, 누구든지 나를 위하여 제 목숨을 잃으면 찾으리라.

— 마태복음 16: 25

예수님을 부인하는 자는 살고, 예수님을 나의 구주로 고백하는 자는 죽임을 당하는 때가 그렇게 온다. 나는 무엇을 택할 것인가? 예수님을 부인하고 이 세상에서 좀 더 살다가 영원한 생명을 잃어버릴까? 아니면 예수님을 구주로 고백하고 죽임을 당하더라도 하나님과 영원히 살까?

이 문제는 지금 시간적 여유가 있을 때 생각하고 결단해 두는 것이 좋다. 마음의 준비가 되어 있지 않으면 그저 겁에 질려 목숨만 살고자 예수님을 부인할 확률이 높다. 예수님은 '그때 많은 사람이 믿음을 떠날 것'[마태복음 24: 9~10]이라고 말씀하셨다.

우리나라에서 일제강점기 때 일본의 통치자는 한국인에게 천황 숭배를 강요했다. 우리 할아버지, 할머니 들이 직접 겪은 일이다. 자기들의 왕을 신처럼 숭배하라는 것이었다. 살기 위해 사람들이 그 사진 앞에 절을 했다. 거부하는 이는 체포되어 감옥으로 끌려갔다.

아프리카 콩고에서 온 형제님과 성경 공부를 할 때, 그가 겪은 이야기를 들려주었다. 평온한 마을이 갑자기 군대의 습격을 받아 모두 포로가 되었다. 군인들은 마을 사람을 한 줄로 세운 뒤 땅 위에 십자가를 뉘어놓고는 한 사람씩 밟고 지나가게 했다. 십자가를 발로 밟고 지나간 사람은 살려주었고, 십자가를 밟지 못하고 비켜가는 사람은 그 자리에서 총살했다. 자신은 크리스천이었으나 너무 무서워 십자가를 발로 밟고 지나가 살았다고 했다.

나는 무엇을 택할 것인가? 내 목숨인가? 구원인가?

둘 중 하나를 택해야 한다. 반드시 그런 순간이 온다. 아프리카 콩고에서처럼 순교하는 믿음을 가진 형제자매님들은 참으로 귀하고 귀하다. 그들은 죽은 뒤 어찌 되었나? 그들은 하나님의 제단 아래 모여 하나님께 큰 목소리로 기도하고 있을 것이다. 하나님께서 그들에게 흰옷을 주시고 조금만 더 기다리라고 하셨다.[계시록 6: 9~11]

자연재해에 인재까지 더하여 재난의 횟수가 늘어가고 강도가 심해지는 시대에 살고 있는 우리는 구원을 내 목숨보다 더 귀하게 여기고 지켜야 한다. 끝까지 견디는 자는 구원을 얻으리라고 하셨다.[마태복음 24: 13]

말세에 주님 오시는 날의 말씀들을 모아본다.

일월성신에는 징조가 있겠고 (…) 그때에 사람들이 인자가 구름을 타고 능력과 큰 영광으로 오는 것을 보리라.

— 누가복음 21: 25, 27

해가 어두워지며 달이 빛을 내지 아니하며 별들이 하늘에서 떨어지며 하늘에 있는 권능들이 흔들리리라. 그때에 인자가 구름을 타고 큰 권능과 영광으로 오는 것을 사람들이 보리라.

— 마가복음 13: 24~26

홍수가 나서 그들을 다 멸하기까지 깨닫지 못하였으니 인자의
임함도 이와 같으리라. 그때에 두 사람이 밭에 있으매 한 사람
은 데려가고 한 사람은 버려둠을 당할 것이요.

— 마태복음 24: 39~40

두 여자가 맷돌질을 하고 있으매 한 사람은 데려가고 한 사람
은 버려둠을 당할 것이니라.

— 마태복음 24: 41, 누가복음 17: 35

그 밤에 둘이 한 자리에 누워 있으매 하나는 데려감을 얻고 하
나는 버려둠을 당할 것이요.

— 누가복음 17: 34

나는 여기서 이상한 점 하나를 발견했다. 모두 주님이 오
시는 때의 상황을 말하는데 그 배경이 서로 다르다는 점이다.
어떤 배경은 우주가 흔들리는 혼돈이고, 어떤 배경은 평범한
일상이다. 해와 달이 어두워지고 하늘에서 별이 떨어지는데
사람들이 밭에 나가 일을 할까? 해와 달이 어두워지고 하늘
에서 별이 떨어지는데 두 여자가 식사 준비를 하려고 맷돌을
돌리고 있을까? 아니다, 그렇지 않다. 무서워서 집 안에 숨어
있을 것이다.

그래서 나는 주님이 한 번은 평상시에 오시고, 또 한 번은

천지가 혼란할 때 오신다고 생각했다. 나는 기도하면서 주님께 물었다.

"주님, 주님께서 오시는 배경이 다릅니다. 하나의 배경은 평범한 일상이고, 다른 하나의 배경은 우주의 혼돈입니다. 저는 꼭 알아야겠습니다. 저는 잘못된 것, 틀린 것을 가르치고 싶지 않습니다. 제가 바로 알아야 바로 가르칠 수 있습니다. 그 배경이 왜 다른지 가르쳐주십시오."

3주 정도 기도했을 때 꿈을 꾸었다. 그 꿈에서 휴거를 보았다. 이는 평범한 일상생활 중에 주님의 오심이었다. 평범한 일상생활 중에 주님의 오심은 휴거이고, 천재지변을 배경으로 한 주님의 오심은 이 세상 마지막에 오시는 주님의 재림이었다. 휴거와 재림은 둘 다 주님의 오심이나 서로 다른 사건인 것이다.

나의 착하고 충성된 종

휴거가 있을 때는 전 세계적으로 동시에 일어나는데, 지구 한쪽은 낮이고 그 반대쪽은 밤이다.

낮: 두 남자가 들판에 있다. 두 여자가 맷돌을 돌리고 있다.
밤: 두 남자가 한 침대에 누워 있다.

들림을 받을 때는 빛보다 더 빠른 속도로 떠나간다. 너무 빨라서 인간의 눈으로는 볼 수 없다. 그냥 펑 하고 사라진다. 그러면 남은 한 사람은 '어? 이 사람이 어디 갔지? 방금 내 앞에 있었는데…' 하며 놀랄 뿐이다. 방금 자기 눈앞에서 휴거가 일어났다는 것을 깨닫지 못한다.

두 여인이 맷돌을 돌리면 그 둘은 아주 가까운 거리에 있다는 얘기다. 그러다가 한 여인이 펑 하고 없어졌다. 어쩌면 1초도 너무 긴 시간인지 모른다. 남아 있는 여인은 눈을 뜨고 있으나 바로 앞에 있던 여인이 들려 올라가는 것을 볼 수 없다. 너무나 빠른 찰나에 일어났기 때문이다. 그저 눈앞에서 순식간에 사라져버렸다. 휴거가 일어난 사실을 알지 못하는 것이다.

꿈에 내가 교회에서 예배를 보던 중 휴거가 일어났는데, 사람들이 그렇게 펑 사라져버렸다. 나는 계속 눈을 뜨고 있었다. 나는 들림을 받지 않았으나 휴거가 일어난 것임을 알아차렸다. 그러나 교인들은 휴거가 일어난 것을 전혀 알지 못했고 아무런 낌새도 채지 못했다. 그저 평화롭게 하고 있던 일을 계속하고 있었다.

휴거는 정말 평범한 날 조용한 가운데 번개같이 일어난다. 사람들은 휴거가 일어난 것을 모르고 평상시처럼 일상생활을 계속한다. 그러나 많은 사람이 사라진 것을 나중에야 알게 된다.

마지막 날에 오실 예수님의 재림은 이와 다르다. 해가 어두워지고 달이 빛을 내지 않고 하늘의 별들이 떨어진다. 그러나 하늘에 광채가 번쩍이고, 트럼펫 연주 소리가 요란하고, 하늘의 권능과 영광이 주위를 가득 채운다. 온 세상 사람들이 구름을 타고 오시는 예수님을 보게 된다. 그들은 공포에 사로잡혀 숨는다. 그러나 이 순간을 기다리며 온갖 고통을 견뎌온 성도들은 얼굴을 들고 감격한다.

말세에 사는 사람들에게 가장 좋은 선택 하나는 휴거를 준비하는 일이다. 그것은 하나님께서 주시는 최대의 사랑이요 배려다.

휴거를 어떻게 준비하느냐?

먼저 마태복음 24장 42~51절과 25장을 읽으면 알 수 있다. 잘 모르는 부분이 있으면 하나님께 물어보면 된다. 하나님으로부터 직접 배우는 것이 좋다. 하나님은 우리를 잘 아시고 우리의 질문에 어떻게 답해야 하는지도 잘 아신다. 하나님으로부터 1분 배우는 것이 사람에게서 10년 배우는 것보다 훨씬 낫다.

나는 마태복음 24장 42~51절에 나오는 충성된 종으로 살려고 노력했다. 여기에서 양식은 하나님의 말씀이다. 생명의 말씀으로 하나님의 가족들을 먹이는 것이었다.

나는 매주 수요일 성경 공부, 목요일 성경 공부, 금요일 성경 공부에서 말씀을 가르치고 또 격주로 주일 예배 설교를 했다. 10년간 휴가랍시고 단 하루 어디 여행을 간 적이 없었다. 주님께서 오실 때, 나는 주님으로부터 '나의 착하고 충성된 종'이라는 칭찬을 받고 싶었다. 그래서 살림을 대폭 줄이고 미리 유언장을 써놓았다.

구원을 자기 생명보다 소중하게 여길 때

휴거 때 택함을 받지 못하고 남은 사람들은 적(敵)그리스도가 다스리는 세상에서 살아야 한다. 적그리스도는 예수님을 대적한다는 뜻이 아니고 또 다른 그리스도를 말한다. 즉, "예수님이 너희를 고난에서 구하지 못했으니 나를 따르라. 내가 너희를 구원하리라"라고 말하는 이를 가리킨다.

많은 사람이 정치 지도자들에게 실망해왔다. 그들은 실패를 거듭했고 절망감을 안겨주었다. 자신이 리더가 되면 평화와 행복을 가져다줄 것처럼 떠들지만 지금까지 평화와 행복을 안겨준 이는 아무도 없다. 그러나 사람들은 아직도 그럴듯해 보이는 정치 지도자가 나오면 그가 자신의 생활을 개선시

켜줄지도 모른다고 기대한다.

나는 적그리스도는 정치 지도자와 같다고 생각한다. 사람들은 그러한 적그리스도에 대해 기대를 가지고 열광한다.[계시록 13: 1~10] 그래서 종교 지도자는 적그리스도를 돕는 위치에 있다.[계시록 13: 11~18] 그는 세상 모든 사람에게 오른손이나 이마에 표를 받게 한다. 누구든지 이 표를 받는 사람은 하나님과 영원히 헤어지고 만다.[계시록 13: 16, 14:9~11, 16:2] 누구든지 오른손에 무엇을 받기 전에 이 말씀을 꼭 기억하기 바란다.

적그리스도는 권세를 잡고 세상을 7년 동안 지배한다.[다니엘서] 이 7년의 나중 3년 반을 '대환란의 시기'라고 부르며, 환란의 클라이맥스가 된다. 예수님께서 이 시기에 관해 '이는 그때에 큰 환란이 있겠음이라, 창세로부터 지금까지 이런 환란이 없었고 후에도 없으리라'[마태복음 24: 21]고 말씀하셨다. 이때 환란의 규모는 인간의 상상을 초월한다. 그래서 예수님께서 대환란 전에 휴거를 통해 자기 자녀들을 데려가시는 것이다.

휴거 때 택함 받지 못하고 남은 성도들은 환란의 시기를 보내면서 예수님의 재림을 기다려야 한다. 인류 역사상 한 번도 일어나지 않았던 재난이 연속된다. 그러나 예수님 안에 있는 구원을 자기 생명보다 더 소중하게 여길 때, 그들도 구원을 얻고 하늘의 상금을 받게 된다.

　대환란의 마지막에 예수님께서 구름을 타고 큰 권세와 영광으로 오신다. 지구와 인류를 파괴하던 적그리스도는 잡혀서 죽고 대환란은 끝이 난다. 하나님께서 새 하늘, 새 땅, 새 예루살렘을 만드신다.[계시록 21] 예수님은 그의 왕국을 세우시고 천년을 다스리신다.

—

한 소년이 호박떡을 슬그머니 쓰레기통에 버리는 것이
눈에 띄었다. 떡과 부침개를 좋아하는 나와는 달리 미국
에서 태어난 소년은 빵과 케이크를 더 많이 먹고 자랐다.
소년을 섬기기 위해 바나나빵 만드는 법을 배웠다.

15 ──────────── 바나나빵

떡과 부침개 vs 빵과 케이크

우리 교회는 예배 후에 간식 시간을 가지며 교인들끼리 서로 친교를 나누었다. 먹을거리는 각 가정이 돌아가면서 준비해 내놓았다.

내 차례가 오면 나는 늘 떡을 마련해 대접했다. 준비하는데 별로 시간이 걸리지 않기 때문이었다. 하루 전에 떡집에 전화해서 주문하고, 주일날 아침에 가서 받아 오면 간단하게 차림이 끝났다.

나는 항상 같은 종류의 떡을 받아다 내놓았는데, 한번은 떡집에 노란 호박떡이 먹음직스럽게 진열되어 있는 것이 눈에 띠었다. 나는 그 맛있어 보이는 노란 호박떡을 처음으로 주문했다.

예배가 끝나고 간식 시간이 되었다. 나는 새롭게 선보이는 호박떡을 신도들이 좋아하는지 싫어하는지 반응을 살폈다. 그런데 한 소년이 손에 든 호박떡을 슬그머니 쓰레기통에 버리는 모습이 얼핏 눈에 띠었다.

'아니, 저 맛있는 것을…. 먹기 싫으면 안 먹으면 그만이지, 돈 주고 사 온 귀한 음식을 버리다니….'

소년은 호박떡이 먹기가 싫었던지 몰래 버린 것이었다.

나는 그 일을 어떻게 처리할까 고민했다. 교회에서 귀한 음식을 함부로 버리게 되는 일이 두 번 다시 일어나지 않도록 주의를 주고 싶었다. 아이 어머니에게 말씀드리고 타이르도록 해야 하나?

소년은 여느 때나 예의 바르고 자기 언행에 각별히 주의를 기울이는 세심한 소년이었다. 나는 그런 점을 평소 눈여겨보며 존중했기에 그런 아이가 부모에게 꾸지람을 듣게 하고 싶지 않았다.

부모를 통해 아이를 훈계하는 것은 가장 쉽고 빠른 방법이다. 하지만 그때 나는 그런 손쉬운 방법을 택하지 않고 좀 더 천천히 생각해보기로 했다.

부모는 한국에서 태어나고 자란 뒤 미국으로 왔지만, 호박떡을 버린 소년은 미국에서 태어나고 자랐다. 그러니까 떡이나 부침개보다 빵과 케이크를 더 많이 먹었을 것이다. 소년과 달리 나는 한국에서 태어나서 빵과 케이크보다 떡과 부침개를 더 많이 먹고 자랐다.

소년의 입장에서 보면 자신은 떡을 좋아하지 않는데 '내가 떡을 좋아하니 너도 떡을 먹어라'고 강요한 것일 수 있다. 진정 그 소년을 섬기고 싶다면 그가 좋아할 빵이나 케이크를 주는 것이 옳을 거라는 데에 생각이 미쳤다. 그러나 나는 자기중심적으로 소년을 섬기려고 한 것이었다.

나를 바나나빵 전문가로 만든 소년

소년을 훈계하기 전에 먼저 나 자신이 변화해야 한다는 것을 깨달았다. 그래서 나는 빵과 케이크 만드는 기술을 배우기로 했다.

제일 먼저 이스트를 넣고 밀가루를 반죽해서 식빵을 만들어보았다. 유튜브에서 식빵 만드는 영상을 보면서 연습했다. 식빵을 몇 번 만들어본 다음에 베이킹소다와 베이킹파우더를 사용해 빵을 만들었다. 재미가 붙어 카스텔라, 팥빵, 바나나빵 등 종류를 넓혀 나갔다.

나는 빵을 만들 때마다 주위 사람들에게 맛을 보였다. 모두들 맛있게 먹으면서 언제 제빵 기술까지 배웠냐며 놀라워했다. 진짜 맛있어 하는 걸로 봐서 그저 인사치레로 하는 말은 아닌 듯했다.

카스텔라, 팥빵, 바나나빵 모두 그런대로 인기가 좋았는데, 나는 예배 후 간식 시간에 내놓을 음식으로 바나나빵을 결정했다. 이유는 그게 제빵 시간이 좀 더 빨랐기 때문이었다. 팥빵은 4시간 걸리는 데 비해 바나나빵은 2시간이면 만들 수 있었다. 그리고 또 팥빵은 좋아하는 사람도 있고 싫어하는 사람도 있는데 바나나빵은 누구나 다 좋아했다.

바나나빵을 만드는 방법은 비교적 간단했다. 기본적인 레시피에다 나만의 비법을 곁들여 연구와 실습을 몇 차례 거듭했다. 성공할 때도 있었고 실패할 때도 있었으나 '실패작도 언제든지 환영한다'는 친구가 이웃에 살고 있어서 실패해도 그리 실망하지 않았다.

요즈음은 한 달에 한 번 정도 바나나빵을 굽는데, 좀 넉넉하게 만들어 근처에 사는 교인들 가정에 직접 배달하는 즐거움까지 누리고 있다. 얼마 전에는 내가 만든 바나나빵을 먹은 이가 자신이 일생 동안 먹어본 것 가운데 가장 맛있는 빵이었다는 칭찬까지 들었다.

나는 바나나빵의 전문가가 되었다. 소년이 호박떡을 버린 사건이 나를 바나나빵의 전문가로 만든 것이다.

—

내가 어느 날 갑자기 쓰러져 다육이들을 더 이상 돌보지 못하는 순간이 올지라도 나는 섭섭해하지 않을 것이다. 내가 키워 선물한 다육이 화분이 힘겹고 지친 이웃들에게 위로와 휴식을 주고 있었으니까. 그날이 오기 전에 더 많이 나누고 베풀어야 한다.

영상 속의 다육이를 보고 느낀 감정

은퇴 후 집 뒷마당에서 다육이를 키우기 시작했다. 다육이 재배는 처음이라 유튜브와 구글을 뒤지며 열심히 공부했다. 다육이는 잎이나 줄기 속에 많은 수분을 가지고 있는 다육식물(多肉植物)을 말한다.

나로서는 다육이 전문가든 초보자든 누구에게나 배울 점이 있었다. 다육이 영상이라면 닥치는 대로 찾아 보았다. 하나도 놓치고 싶지 않았다. 한국, 호주, 중국, 필리핀 등 여러 나라의 다육이 키우는 자료가 많았다. 이제는 더 이상 다육이 영상을 보지 않는다. 기초 공부는 다 끝났다.

텍사스주 휴스턴은 6월부터 8월까지 섭씨 40도를 오르내리는 무더위가 이어졌다. 이런 고온에서 어떻게 다육이를 키워야 할지 고심되었다.

한 유튜브 영상의 제목이 'Rare Korean Succulent Sale'이라고 되어 있어 열어 보았다. 희귀한 한국 다육이를 판매한다고 해서 관심이 갔다. 판매하는 사람이나 카메라를 들고 찍는 사람이나 모두 필리핀 여성이었다. 30분이 넘는 긴 영상이었는데, 오래되고 값비싼 다육이가 즐비했다.

하지만 영상은 다육이들만 보여줄 뿐 아무런 설명이 없었다. 바깥 진열대에 놓인 것들을 지나 집 옆 좁은 골목에 늘어선 것들과 뒷마당에 널린 것들을 차례로 보여주었다. 어떤 것은 똑바로 서 있고, 어떤 것은 비스듬히 누워 있고, 어떤 것은 건강해 보였고, 어떤 것은 시들어 보였다. 전문적인 재배 농장은 아니고 일반 가정집인데, 도저히 영상 속의 젊은 여성 혼자서는 키울 수 없는 많은 양이었다.

아무래도 전 주인이 따로 있었을 것 같고, 현 주인이 그것들을 처분하고 있는 상황이 아닌가 생각되었다. 그렇다면 전 주인의 다육이 사랑이 얼마나 컸는지 엿보였는데, 새 주인의 무관심 속에서 판매되는 것이라 짐작했다. 그렇다면 전 주인에게 무슨 일이 일어난 것일까? 갑자기 몸이 아파 병원에 입원한 걸까? 아니면 죽은 걸까? 그는 자신이 사랑한 다육이가 이렇게 처리될 줄 짐작이나 했을까?

영상 속 수많은 한국 다육이를 볼 때 혹시 원래 주인이 필리핀에 사는 한국인이 아닐까 하는 상상도 해봤다. 저토록 다육이에 많은 시간과 돈을 투자한 이유는 무얼까? 별 생각이 다 들었다. 그러다가 그 상상은 나에게로 옮겨왔다. 내가 갑자기 아파서 병원에 장기간 입원하게 되면 내가 키우는 사랑스러운 다육이들은 어떻게 되나? 내가 갑자기 죽게 되면 다육이들은 어쩌나?

실제로 그런 일은 언제든지 일어날 수 있다. 상상 속의 다육이 전 주인은 그것을 예상하지 못하고 아무런 준비가 없었는지 모른다. 아침에 일어나서 물을 주고, 영양제를 놓고, 희귀한 고가의 다육이를 보며 흐뭇해했을 것이다. 어느 것을 분갈이하고, 어느 것을 햇빛에 내놓고, 어느 것을 그늘에 놔두어야 할지 고심했을 것이다. 다육이의 빛깔이 곱게 물들어갈 때면 '아, 이처럼 아름다운 곳이 또 있을까?' 하고 느꼈을지도 모른다. 하나하나 자식처럼 보살피다보면 어느새 세상일을 다 잊고 마음은 평화와 행복으로 충만했을 것이다. 시간 가는 줄 몰랐을 것이다. 그런데 아뿔싸! 그는 떠나야 했고 다시 돌아오지 못했다.

나누고 베풀며 사는 더 나은 인생

내가 키우는 다육이들이 다른 사람에게 기쁨과 위로가 되는 축복의 상징으로 삼으리라 작정했다. 다육이 화분을 삶에 지친 고단한 분들에게 선물하는 것이다. 조그만 위로와 휴식을 줄 수 있다면 보람될 거라 믿었다.

다육이 화분을 떠나보낸 뒤 시들해질 때쯤 다시 집으로 데려온다. 시든 다육이를 반갑게 맞이한다.

"아이고, 집에 왔구나. 고생했다. 큰일했다."

시든 다육이는 따로 관리해서 소생시킨다. 돌아온 화분은 깨끗이 씻고 새 흙을 담고 싱싱한 다육이를 심어 다시 돌려보낸다. 말하자면 리필이다. 그렇게 주위 사람들에게 몇 차례 선물했다.

화분 하나가 돌아왔다. 흙에도 화분에도 곰팡이가 피어 있었고 다육이는 말라가고 있었다. 흙은 버리고 화분은 깨끗이 닦았다. 그래도 마음이 개운치 않아 소독물을 만들어 한 시간 넘게 담가두었다가 수세미로 싹싹 문지르고 찬물로 헹궈냈다. 그러고는 새 흙을 채우고 새 다육이를 심었다.

나는 다육이를 심을 때 받을 분을 먼저 생각한다. 다육이를 받을 때 기뻐할 것을 상상하며 심는다. 그런데 심고보니 별로다. 그러면 기도한다.

"하나님, 이분은 자녀를 잘 키우기 위해 열심히 일하고 있습니다. 이분이 지치고 힘들 때 이 다육이를 보고 위로와 휴식을 얻기를 원합니다. 그러나 지금 이대로는 위로와 휴식을 줄 것 같지 않습니다. 저의 솜씨는 이 정도밖에 안 되나 더 아름다워야 합니다. 주님의 예술성을 저에게 주셔서 더 아름답게 만들도록 도와주십시오."

기도 후에 다시 고쳐보았다. 또 기도하고 또 수정하고 또 기도했다. 마침내 받는 이에게 위로와 휴식을 줄 것 같았다. 하지만 나는 무척 지쳐 있었다. 그렇게 나의 다육이들은 위로와 휴식을 주기 위해 집을 떠났다.

내가 어느 날 갑자기 쓰러져 다육이들을 더 이상 돌보지 못하는 순간이 올지라도 나는 섭섭해하지 않을 것이다. 내가 키운 다육이가 힘겹고 지친 이웃들에게 위로와 휴식을 주고 있었으니까. 내가 쓰러지는 그날이 오면 나의 모든 것은 남의 손에 넘어간다. 그날이 오기 전에 기쁨과 즐거움을 나누고 서로 베풀며 사는 것이 더 나은 인생이리라.

—

하나님은 희생의 사랑을 보여주셨으나 우리에게 요구하지는 않았다. 우리는 그 희생의 사랑에 감사하고 믿으면 된다. 우리가 죽은 뒤 심판대 앞에 서면 하나님은 돈, 집, 성공, 공적 따위를 보시지 않는다. 우리가 이 세상에서 살 때 얼마나 믿고 사랑했는가만 보신다.

17 ——————— 하나님은 사랑이시다

내 안에 있는 사랑으로 다육이를 키우듯이

곰팡이가 핀 화분을 깨끗이 씻고 새 흙을 채운 뒤 싱싱한 다육이로 갈아 심었을 때, 그 화분은 새 모습으로 거듭났다. 시들어 죽어가던 모습은 흔적 없이 사라지고 생명력 넘치는 아름다운 화분이 되었다.

새 다육이 화분을 보자 예수님이 생각났다.

'아, 예수님이 우리에게 이와 똑같이 하셨구나.'

우리는 병들어 죽어가고 있었다. 주님은 우리를 당신 앞으로 데려오셔서 우리가 깨끗해질 때까지 주님의 피로 씻고 또 씻으셨다. 주님은 우리에게 새 마음을 주시고, 하나님의 말씀과 성령으로 우리를 아름답게 꾸미셨다.

주님께서 우리에게 그처럼 하신 것은 우리가 좋은 사람 또는 나쁜 사람이어서가 아니다. 주님 안에 있는 사랑 때문이었다. 주님 안의 사랑 때문에 주님이 그렇게 하시고 싶어서였다. 우리를 깨끗이 하시려고 피를 흘리신 것도 주님이 하시고 싶어서였다. 우리를 당신 앞으로 데려오신 것도 주님이 원하신 것이었다. 주님은 그렇게 하는 것을 기뻐하셨다.

다육이를 향한 나의 사랑을 통해서 그것을 이해할 수 있었다. 다육이를 향한 사랑이 집 뒤뜰에서 다육이에게 하는 모든 활동의 근원이었다. 뜨거운 땡볕 아래에서 무더위를 참아가며 다육이를 돌보다가 땀띠가 번져 병원에 간 것도 내가 원해서였다. 1년에 외식 한 번 안 하고 돈을 모아 다육이에게 썼다. 흙, 굵은 모래, 갖가지 화분, 새로운 다육이 들을 온라인으로 주문하는 데 아낌없이 썼다. 그 모든 활동의 근원은 내 마음 안에 있는 사랑이었다.

마찬가지로 나는 하나님께서 하시는 온갖 일의 근원이 하나님 안에 있는 사랑임을 깨달았다.

하나님의 사랑이 모든 존재와 변화의 근본 이유다. 하나님의 사랑이 창조의 첫 이유다. 하나님의 사랑이 항상 변하는 이 세상을 주관하시는 첫 이유다.

놀라운 발견이었다. 나는 다윤이를 향한 나의 사랑을 통해 이것을 깨달았다.

나는 그때까지 하나님을 이해할 때 나에게서 하나님을, 또는 어떤 이에게서 하나님을 바라보는 식이었다. 그러나 이제 그 방향이 바뀌었다. 하나님의 사랑을 통해 나를 바라보게 되었고, 하나님의 사랑을 통해 세상을 바라보게 되었다.

나는 성경의 첫 페이지를 읽었다.

태초에 하나님이 천지를 창조하시니라.

— 창세기 1: 1

그때 하나님은 무엇을 어떻게 보셨나?

땅이 혼돈하고 공허하며 흑암이 깊음 위에 있고(⋯).

— 창세기 1: 2

하나님은 칠흑 같은 흑암으로 덮인 땅을 사랑의 눈으로 바라보셨다. 하나님의 마음 안에 있는 사랑으로 무엇인가 좋고 아름다운 일을 하시고 싶었다. 그리고 6일 동안 창조하시고, 당신의 창조물들을 사랑의 눈으로 바라보시고 기뻐하셨다.

나는 다육이에게 그 같은 사랑을 가졌다. 다육이들을 사랑의 눈으로 바라본다. 어떤 다육이는 싱싱하지만, 어떤 다육이는 시들고, 어떤 다육이는 벌레 먹고, 어떤 다육이는 자구들을 달고 있다. 나는 그들에게 무엇인가 좋은 것을 해주고 싶어 돈과 시간과 에너지를 쓴다. 해야 할 일이 끝난 뒤 그들을 사랑의 눈으로 바라보며 기쁨과 행복을 느낀다.

창조의 하나님은 전능하신 하나님이라고 배웠고 또 그렇게 가르쳤다. 그러나 이제 창조의 하나님은 사랑의 하나님이심을 깨달았다.

하나님은 사랑이심이라.

— 요한1서 4: 8

하나님은 세상을 그 마음의 사랑으로 창조하셨고 또 세상을 사랑으로 주관하셨다. 성경의 첫 페이지부터 마지막 페이지까지 하나님의 사랑이 흐르고 있다.

하나님은 사랑이시다. 나는 그것을 머릿속의 지식으로만 알고 있었다. 그 머릿속 지식이 비로소 내 가슴속으로 들어왔다. 나는 하나님의 사랑 안으로 더 깊이 들어가고 싶어 하나님의 사랑에 대해 묵상하기 시작했다.

① 하나님의 사랑은 순수하다

세상 사람에게서 순수함을 찾아보기는 쉽지 않다. 하지만 갓난아기에게는 순수함을 느낀다. 꽃 속에는 순수함이 있다. 세상에는 매일같이 순수와는 거리가 먼 괴이한 일들이 일어나고 있다.

남녀가 애정으로 처음 만날 때는 누구나 순수한 사랑을 원한다. 세상은 썩어 가더라도 자기들의 사랑만큼은 순수하고 싶어 한다. 왜 순수한 사랑을 원할까? 그것이 세상 사람들의 궁극적인 소망일까?

그러나 시간이 흐르면서 순수한 사랑 대신 변질된 사랑을 발견한다. 점점 손해와 이익을 따지는 계산기 딸린 조건부 사랑으로 바뀐다. 사람들은 인간 자체에 한계가 있기 때문에 조건부 사랑으로 변질된다고 생각한다. 시간과 건강의 한계가 있고 또 재산의 한계가 있기에 계산기 딸린 조건부 사랑으로 변질되기 마련이라 여긴다.

부패한 마음을 지닌 두 사람이 순수한 사랑을 바라고 결혼한다. 시간이 지남에 따라 서로 속이고 싸운다. 감시하고 제재하고 주위를 시끄럽게 하다가 끝내 헤어진다. 그렇지 않으면 그저 한 공간에서 남남처럼 살아가기도 한다.

그러나 포기하지 말자. 누구나 순수한 사랑을 할 수 있다. 하나님의 사랑은 순수하다. 하나님의 순수한 사랑의 맛을 본 사람은 순수한 사랑을 할 수 있다. 하나님의 사랑에는 계산기가 없다. 하나님은 내가 잘못을 저지르고 실패할 때도 나를 사랑하신다. 하나님은 조건 없이 나를 영원히 사랑하신다. 하나님의 사랑은 영원히 순수하다. 하나님에 대한 나의 사랑은 변질될지언정 나에 대한 하나님의 사랑은 영원히 순수하다. 하나님은 나를 영원히 사랑하신다. 사도 바울은 이 하나님의 사랑을 로마서 8장 31~39절에 기록했다.

마음의 순수함에 관해 주님께서 말씀하셨다.

마음이 청결한 자는 복이 있나니 그들이 하나님을 볼 것임이요.
— 마태복음 5: 8

사람들은 마음의 눈을 통해 세상을 본다. 사기꾼은 남을 속일 기회를 보고, 도둑은 남의 물건을 훔칠 기회를 보고, 성범죄자는 남을 범할 기회를 본다. 더러운 마음은 더러운 것을 보게 되고, 부패한 마음은 부패한 것을 보게 된다. 마음이 청결한 자는 청결한 것을 보게 되는데, 그들은 하나님을 보게 되고 마침내 하나님 앞으로 나오게 된다.

② 하나님의 사람은 거룩하다

순수와 거룩은 그 뜻이 다르다. 성경 공부 중에 한 학생이 물었다.

"거룩하다는 말이 무슨 뜻인가요?"

나는 그 질문에 선뜻 대답할 수 없었다. 말뜻이야 알고 있지만, 무엇이 그러한지는 표현하기 어려웠다.

거룩함은 경험을 통해서 그 뜻을 깨닫게 된다. 눈으로 보고 귀로 들어서 배울 수 있는 것이 아니다. 말로는 설명하기 어렵지만 거룩함은 존재한다. 성령이 우리 안에 오셔서 우리 마음을 만져주시면 거룩함을 깨닫게 된다. 거룩함은 오직 하나님만이 가진 하나님의 본질이다. 하나님의 사랑은 거룩하다.

③ 하나님의 사람은 아름답다

하나님은 사랑의 아름다움을 창조를 통해 드러내셨다. 천지창조는 하나님의 예술 작품이다. 천지창조 전에 땅은 공허하고 혼돈하고 깊은 흑암이었다.[창세기 1: 2] 아무런 색깔도 없었다. 색깔이라는 개념 자체도 없었을 텐데 하나님은 어떻게 색깔을 생각해내실 수 있었을까? 하나님의 예술성에 그저 감탄할 따름이다.

천지창조를 통해 하나님은 색깔·모양·질감 등을 모두 만드셨고, 그것들을 조합하여 예술 작품을 탄생시키셨다. 하나님은 최고의 예술가이시다. 예술성이 있는 사람은 자연의 아름다움에서 자기 작품을 이끌어낸다. 나는 피어 있는 꽃을 보면 색깔·모양·질감에 도취되어 한참을 그 자리에 서 있고는 한다. 이는 우리가 눈으로 보는 아름다움이다. 눈에 보이지 않는 영적인 아름다움도 있다.

여리고성의 라합은 창녀였다.[여호수아 2: 1] 그런 이는 세상의 교회에 나가기 어렵다. 교인들이 알게 되면 밤낮으로 입방아를 찧어대기 때문이다. 그러나 라합은 예수님 족보에 오르고 다윗왕의 고조할머니가 되었다.[마태복음 1: 5]

라합은 창녀로서 여행객들, 특히 외국인을 만날 기회가 많았다. 그녀는 주변 왕국에서 일어나는 정황을 잘 알고 있었다. 말하자면 국제 정세에 밝았던 것이다.

이스라엘이 주변 왕국들을 침범해 승리를 거듭하고 있었다. 라합은 이스라엘의 하나님이 여러 왕국의 신 중에서 진짜임을 알았다.[여호수아 2: 11] 편견 없이 세상을 보는 눈이 있었다. 그녀는 이스라엘의 하나님이 과거에 하신 일들을 알았고

[여호수아 2: 10] 현재 하시는 일과 장차 하실 일들을 알았다.[여호수아 2: 9]이스라엘은 여리고성을 칠 준비를 하고 있었다. 라합은 자기 조국 대신 이스라엘의 하나님을 택했다.

눈에 보이지 않는 영적인 아름다움이었다. 영적인 아름다움이 너무 커서 라합의 어두운 과거는 파묻혔다. 라합과 같은 여인은 아름답다. 하나님은 모든 것을 아름답게 하신다.

④ 하나님의 사랑은 부활이다

나는 다육이를 키울 때 완전히 죽지 않은 것은 하나도 버리지 않는다. 조금이라도 생명이 붙어 있다 싶으면 아주 살아날 때까지 기회를 준다. 성장점이 없어 보이는 잎도 흙 속에 꽂아두고 몇 달을 보살핀다. 그래도 살아나지 않고 완전히 썩으면 그제야 내버린다.

그러나 하나님은 죽은 것조차 버리지 않으신다. 하나님은 죽어가는 것도, 죽은 것도 살리신다. 하나님은 사랑으로 우리에게 생명을 주신다. 하나님의 사랑에는 부활이 있다. 마귀는 살아 있는 사람을 죽이려 하나 하나님은 죽은 사람, 죽어가는 사람에게 부활의 생명을 주신다.

지난 여름 3개월 동안 기온이 섭씨 40도를 오르내렸다. 앞마당 잔디는 살아 있었으나 뒷마당 잔디는 누렇게 말라 죽어 버렸다. 잔디를 사러 갔지만 구할 수 없었다. 잔디가 말라 죽은 집이 너무 많아 품절 상태였다. 어떻게 하나 고민하는데 사랑의 부활이 생각났다. 나는 하나님께서 죽은 잔디에 부활의 생명을 주시도록 기도하기 시작했다.

⑤ 하나님의 사람은 모든 생명의 근원이다

생명은 신비스럽다. 생명이 무엇인가? 나는 이 질문에 대해 오랫동안 생각해왔으나 그 답을 찾지 못했다. 그래서 그저 '신비스럽다'고만 적는다.

살아 있는 다육이는 통통하게 초록빛을 띤다. 그러나 죽은 잎은 흐물흐물한 물주머니처럼 변한다. 생명이 없기 때문이다. 왜 생명은 흐물흐물한 물주머니를 초록빛 통통한 잎으로 만드는가? 왜 죽음은 초록빛 통통한 잎을 흐물흐물한 물주머니로 만드는가? 아직까지 답을 찾지 못했다. 다만 한 가지 알고 있는 것은 생명은 하나님으로부터 온다는 것이다.

여호와 하나님이 땅의 흙으로 사람을 지으시고 생기를 그 코에 불어넣으시니 사람이 생령이 되니라.

— 창세기 2: 7

하나님께서 사람 모양으로 만든 흙덩이에 생명을 주시니 산 사람이 되었다. 산 사람에게서 생명을 거두어 가시면 죽은 사람이 되어 흙덩이로 돌아간다. 모든 살아 있는 것은 하나님으로부터 생명을 선물로 받았다. 하나님의 사랑은 모든 살아 있는 생명체의 근원이다.

⑥ 하나님은 사람의 계명을 주셨다

사람이 이기적이라는 것은 누구나 알고 있다. 사람이 사람을 해코지하고 쓰러뜨리려 든다. 남을 속이고, 남의 것을 빼앗고, 남의 목숨을 해친다. 그런 세상에서 살아가려면 자신도 독해질 수밖에 없다.

하나님은 사랑이시다. 하나님은 그런 악한 인간에게도 사랑을 베푸시고, 그들이 사랑을 배우기 원하신다. 하지만 그것이 힘들기 때문에 계명으로 주셨다.

원수를 총으로 쏘고 싶을 때 '네 원수를 사랑하라[마태복음 5: 44]'는 계명을 생각하면 그 총을 내려놓게 된다. 맛있는 음식을 나와 내 자식에게만 먹이려 할 때 '네 이웃 사랑하기를 네 자신과 같이 사랑하라[레위기 19: 18]'는 계명을 생각하면 배고픈 이웃과 나누게 된다. 치열하게 경쟁하는 이들에게는 '너희는 서로 사랑하라'[요한복음 15: 17]는 계명을 주셨다. 그리고 가장 큰 계명은 '하나님을 사랑하고 이웃을 사랑하는 것'이다.[레위기 19: 18, 누가복음 10: 27~28]

하나님의 명령이기에 힘들더라도 실천하다보면 사랑의 세계에 눈뜨게 된다. 따로 돈이 드는 것도 아니다. 눈이 사랑의 기회를 보고 입이 사랑의 말을 하게 된다. 마침내 하나님의 자녀로 살게 된다. 하나님의 사랑이 하나님의 자녀를 통해 퍼져나간다. 사랑이 있는 곳에 천국이 있다.

어떤 사람은 부모를 통해 사랑을 배우나 어떤 사람은 부모를 통해 미움을 배운다. 그러나 하나님은 사랑의 계명으로 모든 사람이 사랑을 배우게 하셨다.

⑦ 하나님의 사람은 겸손하다

겸손이란 무엇인가? 겸손은 남을 위해 자신을 내세우지 않고 낮추는 일이다. 그런데 대체로 인간은 겸손하지 않다. 진정으로 겸손하기는 어렵다.

잘난 사람이 못난 사람에게 자기를 낮추는 일이 쉬울까? 높은 데 있는 사람이 저 아래에 있는 사람의 눈높이로 자신을 끌어내리기가 쉬울까? 그래서 끼리끼리라는 말이 나온다. 재벌은 재벌끼리, 중산층은 중산층끼리, 서민은 서민끼리….

지적인 계급도 있다. 식자와 무식자, 전문가와 초심자, 고수와 하수, 그런 식으로 끼리끼리 통한다. 그렇게 사는 것이 속 편하지만, 때로는 한 계급에서 다른 계급으로 옮겨가야 할 상황도 생긴다.

환자 병동에서 간호사 업무를 볼 때였다. 예후가 좋지 않은 환자가 있었는데, 가족이 의사에게 환자의 상태에 대해 물었다. 의사는 의과대학 강의나 전문의 세미나 같은 데서 쓰는 용어를 동원하며 청산유수로 설명했다. 환자의 가족은 말없이 가만히 듣고만 있었다. 그때 그 의사를 가리켜 교만하다고만 할 수 있을까?

물론 쉽고 간략히 대답하고 넘어갈 수도 있겠다. 하지만 그것은 의사로서 책임감 없는 자세일 수도 있다. 현대 의학에 대해 전혀 모르는 사람의 수준으로 내려가 전문 용어를 쓰지 않고 설명하기가 힘들었을 것이다. 그래서 자기 수준에서 말했을 뿐이었다. 의사도 환자 가족도 서로 답답했을 터였다. 고도의 전문 교육을 받은 자와 그러지 못한 자와의 섞일 수 없는 만남의 시간이었다.

만일 하나님께서 이 의사의 입장이었다면 환자 가족이 충분히 이해하도록 잘 설명하셨을 것이다. 하나님은 자신을 각

각의 수준으로 낮추시기 때문이다. 이는 곧 부모가 어린 자녀에게 같은 눈높이로 낮추어 말하는 것과 같다.

오래전 교회 수양회에 참석했을 때의 일이다. 주제 강사는 미국에서 활동하시는 한국인 신학대 교수였다. 유창하게 영어를 구사하는 그는 신학계에서 내로라하는 명성을 가진 분이었다. 그분의 강연을 듣고자 미국과 캐나다 여러 지역에서 많은 선교사님이 자리했다.

그런데 강사는 강연 내내 청중을 은근히 무시하는 듯한 감정을 숨기지 않았다. 그의 눈에는 수양회 참석자들이 무지해 보였던지 신학 강의보다는 몇몇 단어를 들며 그 본래 뜻도 모르면서 잘못 쓰고 있다는 지적부터 해나갔다. 그리고 강연 4시간 중 대부분을 자신의 경력을 내세우는 내용으로 채웠다. 강연 내내 청중들을 높은 곳에서 내려다보는 자세를 견지했다. 공연히 돈과 시간을 들여 모욕만 당하고 온 수양회였다. 그러나 그에게서 한 가지 큰 것을 배웠다. 교만하지 말자. 그건 정말 꼴불견이다.

수양회 참석자들을 민망하게 했던 그 강사는 하나님의 겸손에 대해서는 공부하지 않은 것 같았다. 하나님은 겸손하시다. 예수님은 짐승이 사는 마구간에서 태어나셨다. 하나님이 오실 때 이처럼 겸손하셨기 때문에 나는 나의 상황이 마구간보다 나으면 하나님께 불평하지 않았다. 만일 하나님께서 그 강연의 주제 강사였다면 어떻게 말씀하셨을까? 하나님은 자신의 수준을 우리의 눈높이로 내려오셨을 것이다. 우리의 연약함을 보듬고 우리의 상처를 치유하는 말씀을 하셨을 것이다. 우리가 계속 선교할 수 있도록 격려하는 말씀을 하셨을 것이다. 그래서 수양회가 끝난 뒤 믿음과 성령을 더 새롭게 하고 당당히 저마다의 선교지로 향하게 하셨을 것이다.

겸손은 사람의 마음을 움직이는 힘이 있다.

미국에 온 지 1년쯤 되어 뉴욕의 한 병원 수술실에서 일할 때였다. 수술하고 있던 의사가 무엇을 가져다 달라고 해서 급히 나가서 찾고 있는데, 내 모습을 본 흑인 외과 의사가 "무엇을 찾는데 내가 도와줄까요?" 하는 것이었다. 외과의 대표 레지던트인 그는 백인 레지던트들의 은근한 반목을 참아내는 사람이었다. 아직 미국 생활이 익숙하지 않던 나는 '세상에 이런 사람도 있구나' 싶어 그의 친절에 감격했다. 그는 새로 온 외국인 간호사를 돕고자 자신을 낮추었다. 당시 외과 의사들은 자기가 요구한 것을 빨리 가져오지 않으면 소리 지르고 수간호사한테 이르는 등 난리 치기 일쑤였다.

예수님은 하나님이시나 자신을 낮추어 인간이 되셨다. 그리고 인간 중에서도 가장 낮은 종이 되셨다. 그보다 더 낮추어 억울하게 죄를 뒤집어쓴 죄인이 되셨다. 거기에서 또 자신을 낮추어 우롱당하고 채찍으로 고문당한 뒤 마침내 십자가에 못 박혀 죽는 사형수가 되셨다.

예수님은 죄인들을 당신 아래에 두고 무시하는 눈으로 내려다보지 않으셨다. 자신을 죄인의 위치로 낮추어 우리가 마주보며 수치심이나 굴욕감 없이 당신의 겸손하고 사랑스러운 말씀을 듣게 하셨다. 권력자나 서민, 주인이나 종, 배고픈 자나 잘 곳 없는 자, 억울하게 죄를 뒤집어쓴 자나 조롱당하는 자, 채찍에 맞는 자나 고문당하는 자, 사형수…, 주님은 그곳에 그들과 함께 있었다.

겸손은 돈으로 살 수 없다. 겸손은 공부를 하고 시험을 봐서 얻어지는 것도 아니다. 예수님의 사랑을 본받으면 누구든지 겸손해질 수 있다. 하나님의 사랑은 겸손한 사랑이다.

⑧ 하나님의 사랑은 우리의 모든 죄보다 더 크다

얼마 전 한국의 뉴스에서 다음과 같은 사연을 보았다.

한 남자와 어린 사내아이가 편의점에 들어와서 우유와 먹을거리를 가방에 넣고는 돈을 내지 않고 나가려다가 주인에게 붙잡혔다. 주인의 신고로 경찰이 왔다.

조사 결과 둘은 아버지와 아들로, 이틀 동안을 굶다가 너무 배가 고파서 훔친 거라고 했다. 직장을 잃은 아버지는 다른 일거리를 찾기 전에 가지고 있던 돈이 다 떨어졌다. 자초지종을 들은 편의점 주인은 이 부자의 처벌을 취소했고, 경찰은 두 사람을 데리고 바깥으로 나갔다.

경찰은 아버지와 아들을 근처 식당으로 데려갔다. 자기 돈으로 한 끼 식사를 사주었고, 배가 고팠던 두 사람은 이틀 만에 따뜻한 밥을 먹을 수 있었다. 그때 한 남자가 식당 안으로 들어와 돈이 든 봉투를 아이의 아버지에게 건네고는 말없이 떠났다. 그 남자는 사건 당시 편의점 안에 있던 손님이었다. 경찰이 아버지와 아들을 데리고 편의점을 나가자 조용히 뒤따라가다가 식당으로 들어가는 것을 확인한 다음 은행으로 가서 돈을 찾아 그들에게 준 것이었다. 그는 해외에 거주하는 동포로, 잠시 한국을 방문 중이었다.

이 일이 뉴스에 보도되자 사람들이 너도나도 음식 꾸러미를 들고 그 편의점으로 가져왔다. 그 아버지와 어린아이에게 보내달라는 기부가 이어졌다.

그 아버지와 어린 아들의 도둑질을 처벌해야 한다는 사람은 아무도 없었다. 모두가 한마음으로 그들을 돕고자 했다. 아버지와 어린 아들이 힘든 고비를 극복하고 새로운 삶을 이루어 나가기만을 바랐다.

이 뉴스는 내가 하나님의 사랑을 이해하는 데 큰 도움이 되었다. 우리가 죄를 들고 하나님 앞에 나가면 하나님은 우리를 벌하기 원하실까? 아니다. 하나님은 우리 죄를 예수님께로 옮기시고 예수님이 처벌받게 하셨다.[이사야 53: 4~5] 하나님은 음식을 훔친 부자에게 한국 사회가 베푼 것처럼 우리가 직면한 힘든 고비를 극복하고 새로운 삶을 살아가도록 도와주신다.

나는 한 여인을 예수님께 인도하고자 애썼다. 그때 그 여인이 말했다.

"하나님은 온 세상을 다스리느라 무척 바쁘실 텐데, 저한테까지 신경 쓸 필요가 있을까요?"

시간이 흘러 몇 년 뒤 그녀가 다시 말했다.

"저는 지은 죄가 많아서 하나님 앞에 나갈 수 없습니다."

그녀는 하나님 앞에 나아가기를 주저하고 있었다. 하나님께서 자기한테 화내고 벌하실 거라 염려했던 모양이었다. 아니다. 하나님의 사랑은 그녀가 지은 모든 죄보다 더 크다. 하나님은 모든 죄를 용서하실 뿐 아니라 그녀가 새 삶을 살도록 도와주신다. 그러나 여인은 하나님의 그 크신 사랑의 품으로 들어오지 않았다.

이와는 사뭇 대비되는 일도 있었다. 한 연쇄살인범에 관한 기사를 보았다. 그는 30여 명의 젊은 여성을 죽였고, 마침내 체포되어 사형선고를 받았다. 감옥에 있는 동안 사형수는 하나님을 믿게 되었는데, 자신의 모든 죄를 들고서 하나님 앞에 나왔다. 그가 지은 모든 죄는 예수님께로 전가되었다. 하나님의 사랑은 그가 지은 모든 죄보다 더 커서 그를 용서하셨다. 하나님의 사랑은 얼마나 크고 깊고 높은가? 사형 집행을 기다리는 동안 그는 감옥 안에서 다른 죄수들에게 하나님의 사랑을 전했다. 보도된 사진 속 그의 얼굴은 무척 평화로운 모습이었다.

앞에 든 여인의 죄는 연쇄살인범보다 훨씬 적을 것이다. 그러나 그녀는 하나님의 사랑 앞으로 나오지 않았다. 연쇄살인범은 엄청난 죄를 지었으나 하나님의 사랑 앞으로 나왔다. 하나님의 사랑은 우리가 지은 어떤 죄보다 더 크다.

⑨ 하나님의 사랑은 희생하는 사랑이다

하나님께서 당신의 독생자, 즉 하나뿐인 아들을 이 세상에 보내신 것은 사랑의 정점이다. 이는 인간의 마음으로 이해할 수 없는 하나님 사랑의 깊고 깊은 심연이다.

하나님이 세상을 이처럼 사랑하사 독생자를 주셨으니, 이는 그를 믿는 자마다 멸망하지 않고 영생을 얻게 하려 하심이라.

— 요한복음 3: 16

우리가 하나님이 주신 사랑의 계명을 억지로라도 순종하다보면 사랑하는 일이 점점 쉬워진다. 그러나 한계가 있다. 우리는 다른 사람을 사랑하기 위해 너무 많은 것을 주려 하지는 않는다. 크게 손해 보려 하지 않는다. 그저 인정할 수 있는 만큼의 안전한 한도 내에서 사랑할 수 있다. 더구나 자신의 생명을 다른 사람을 위해 희생하기는 어렵다.

하나님의 사랑은 이와 다르다. 예수님은 죄인들을 구원하기 위해 자기 생명을 희생하셨다. 이 사랑은 많은 묵상이 필요한 사랑이다. 십자가 위에서 6시간 동안 죽음의 고통을 견디시는 예수님을 생각해보라. 나는 십자가 위에 못 박히신 주님께 묻는다.

"주님, 왜 당신의 목숨을 내놓으셨습니까? 손과 발이 못 박히는 아픔을 어떻게 견디셨습니까?"

주님은 아무 대답이 없으셨으나 나는 그 답을 알고 있다.

"너를 위해서란다."

하나님은 우리에게 희생의 사랑을 주셨지만 우리에게 희

생의 사랑을 강요하지는 않으셨다. 하나님은 다만 우리가 믿기만을 요구하셨다. 우리는 주님의 그 희생적인 사랑을 믿고 감사하면 된다. 예수님께서 우리의 죄를 위해 십자가 위에서 죽으시고, 그 피로 우리의 모든 죄를 씻어주신 것을 믿으면 된다. 주님께서 무덤에 묻히시고, 3일 만에 부활하신 것을 믿으면 된다. 그리고 우리를 데리러 다시 오실 것을 믿으면 된다.

이를 믿든지 믿지 않든지 그것은 개인의 자유다. 믿는 자는 죄사함을 받아 영생을 얻고, 믿지 않는 자는 죄사함을 받지 못해 영원히 타는 불감옥에서 종신형을 살게 된다.[마가복음 9: 47~48] 불감옥에서 우리를 구하시려고 예수님은 자신의 생명을 죽음의 고통에 내주셨다. 하나님의 사랑은 희생의 사랑이다.

—

인생길을 가다가 돌부리에 걸려 넘어져서 상처 입을 때
가 있다. 그러나 하나님의 긍휼로 우리의 상처는 아물고,
우리는 다시 일어나서 영생을 향한 인생길을 계속 갈 수
있다. "주님께서 나를 용서하셨으니 나도 너를 용서한
다"고 말하면서….

18 ——————— 용서와 용서하지 않음

빚진 종에 대한 왕의 선택

각 나라마다 고유의 법과 제도가 있다. 한국에서는 개인이 총기를 소지할 수 없지만 미국에서는 가능하다. 한국에서는 집 안에 들어갈 때 신발을 벗지만 미국에서는 신발을 신고 들어간다. 심지어는 성경을 가지고 있는 것만으로 처벌받는 나라도 있다.

최근 한 미국 여성이 아랍 국가에서 체포당해서 감옥에 갔는데, 죄목은 길거리에서 소리를 질렀다는 것이었다. 그 나라에서는 여자가 공공장소에서 목소리를 높이면 법을 어기는 일이 된다.

병원에서 근무할 때, 미국인 간호사들과 점심을 먹고 있었다. 그중 한 명이 북한의 김정은에 관해 물었다. 나는 그가 독재자이고 주민들은 고통당하고 있다고 간략히 설명했다. 그러자 곁에 있던 다른 간호사가 "왜 북한 주민들은 김정은을 탄핵해서 쫓아내지 않는가?"라며 답답해했다. 나는 어안이 벙벙해서 선뜻 말이 안 나왔다. 미국에서는 대통령을 탄핵할 수 있다. 그러나 북한에서는 탄핵이라는 것이 존재하지 않는다. 미국은 미국 제도로 이해해야 하고, 북한은 북한 제도로 이해해야 한다.

나는 '용서'에 대해 이 세상에서 생각하는 것과 천국에서 생각하는 것에 큰 차이가 있음을 발견했다.

세상을 살다보면 남을 해치고, 남의 인생을 망가뜨리고, 남의 가슴에 아픔과 상처를 남기는 인간을 만나게 된다. 이런 사람들을 미워하는 것은 당연하다. 우리는 원수진 사람을 마음 내키는 대로 대한다. 절대로 용서하지 않거나, 벌을 받게 하거나, 관계성을 끊어버리거나, 같은 방법으로 복수하거나, 아예 무시해버리기도 한다. 결과적으로 피해자 자신의 마음에 깊은 상처와 흔적이 남게 된다.

예수님께서 이런 상황을 마태복음 18장 21~35절에서 긍휼히 여기지 않는 종의 비유로 말씀하셨다. 먼저 마태복음

18장 28~31절을 읽어보자.

어떤 종이 자기에게 100데나리온을 빚진 친구 종을 만났다. 1데나리온은 하루 임금에 해당하는 금액으로, 100데나리온은 100일에 이르는 임금이었다. 채권자 종은 빚을 갚으라고 요구했지만 채무자 종은 줄 돈이 없었다. 빚진 종은 무릎을 꿇고 조금만 더 시간을 달라고 빌었다. 그러나 채권자 종은 친구를 감옥에 집어넣어버렸다. 이는 채권자가 취할 수 있는 법적 조치에 해당한다. 채권자는 자신이 입은 손실을 어떻게든 회복하려 든다. 하지만 이 사건이 그 이전에 일어났던 사건과 연결이 되면 채권자를 완전히 다른 각도에서 보게 된다. 마태복음 23~27절을 읽어보자.

채권자 종은 이제 거꾸로 채무자가 된다. 그는 왕에게 1만 달란트의 빚을 지고 있었다. 1달란트는 1년치 임금에 해당하는 금액이었다. 그 종은 1만 년을 일해야 빚을 다 갚을 수 있었다. 그것은 불가능한 일이었다. 종은 왕 앞에 무릎을 꿇고 빌었다. 왕은 그를 불쌍히 여겨 전액을 탕감해주었다. 왕은 그 종과 그의 아내, 자녀들을 노예로 팔아 자신의 손실을 어느만큼 만회할 수 있었으나 법적인 절차를 밟지 않고 용서와 긍휼을 베푼 것이었다.

인간에게는 죽어가는 생명을 불쌍히 여기는 마음이 있다.

물에 빠져 허우적거리는 사람을 그냥 멀뚱히 쳐다보지는 않는다. 가엽게 여겨 손을 내밀거나 밧줄을 던져 어떻게든 살려주려 한다. 불타는 집 안에 갇힌 사람을 그냥 멀뚱히 쳐다보지는 않는다. 소리쳐서 이웃에 알리고, 소방서에 알리고, 창문을 깨트려 구출을 시도하는 등 어떻게든 구하려 애쓴다. 어미 잃은 어린 짐승도 가여운 눈으로 바라본다. 왕은 온 가족이 노예가 될 채무자의 운명을 불쌍히 여겨 모든 빚을 탕감해주었다.

그 종이 왕으로부터 용서받은 빚과 자신이 친구에게 받을 빚을 환산하면 이렇다.

10,000(년)×365데나리온 = 3,650,000데나리온

그런데 그는 겨우 100데나리온을 빚진 친구 종을 어떻게 했나? 365만 데나리온을 탕감 받고 살아난 자라면 위기에 처한 이의 심정을 헤아릴 수 있어야 할 것이다. 100데나리온을 못 갚아 무릎을 꿇고 비는 친구를 그는 매정하게도 감옥에 집어넣었다. 그의 인정머리 없는 행동을 본 주위 사람들은 왕에게 모든 사실을 고해바쳤다.[마태복음 18: 31] 왕은 이 종을 불러 말했다.

"악한 종아. 네가 빌기에 내가 전부 탕감해주었거늘, 내가 너를 불쌍히 여김과 같이 너도 네 친구를 불쌍히 여김이 마땅

하지 않느냐?"

그 종은 왕에게 크나큰 긍휼을 받았으면서 자신은 손톱만큼도 베풀지 않았다. 노한 왕은 그를 악하다고 했다. 그러고는 탕감을 취소하고 365만 데나리온을 갚으라고 명한 뒤 감옥에 처넣었다. 그 종은 왕의 크나큰 긍휼을 받을 자격이 없는 자임을 스스로 증명해 보인 것이다.

너희가 각각 마음으로부터 형제를 용서하지 아니하면 나의 하늘 아버지께서도 너희에게 이와 같이 하시리라.

— 마태복음 18: 35

이 말씀은 무슨 뜻인가? 우리가 우리에게 죄지은 형제를 용서하지 않으면 하나님도 우리 죄를 용서하지 않으시고 끝내 우리는 구원을 잃고 마는 것이다.

용서할 수 없는 사람과 하나님의 용서

미국으로 간 지 17년 만에 한국을 방문하고 고향인 목포에 들러 고등학교 동창생들을 만난 일이 있다. 한 친구는 목사님의 사모님이 되어 있었다. 그는 나더러 성경을 한마디로 표현해보라고 했다. 내가 '사랑'이라고 대답했더니 친구는

'용서'라는 것이었다. 성경은 인간이 지은 죄를 하나님께서 용서하신 기록이라고 덧붙였다. 그러면서 자신이 겪은 용서에 대한 이야기를 들려주었다.

남편이 교회 부목사였는데, 담임목사가 갑자기 해고시켜 교회에서 쫓겨나게 되었다. 월급을 비롯한 모든 지원이 끊겨 창고로 나앉게 되었다. 가족은 밥 굶는 날이 허다했는데, 굶을 때마다 금식기도의 시간을 가졌다.

목사님과 사모님은 그 창고에서 새 교회를 시작했다. 처음에는 미약했으나 자신들을 쫓아낸 그 담임목사를 마음으로 용서한 뒤부터 부흥하기 시작했다. 내가 친구를 만났을 때 그 창고 교회는 아주 큰 교회가 되어 있었다.

용서는 쉬운 일이 아니다. 예수님께서 우리를 용서하실 때 얼마나 힘들었는지 한번 보라. 큰 쇠못이 두 손과 두 발의 뼈를 부수었다.[이사야 53: 5] 주님은 고문과 오해와 조롱과 놀림을 당하셨다. 그리고 죽음의 아픔과 고통까지 겪으셨다. 죄인을 용서한다는 것이 얼마나 힘든 일인지!

우리도 우리에게 죄지은 자를 용서하고 화해하려 할 때 어려움이 있고 자기 부인이 뒤따른다. 그러나 죽기 전에 꼭 용서와 화해를 구해야 한다.

고향 친구의 이야기로 나 자신이 그때까지 용서하지 못하고 있던 가슴속 응어리를 떠올리게 되었다. 나로서는 결코 이해할 수 없는 사람이 있었다. 그는 나의 가정을 파괴시키려 들었고 사랑하는 가족을 궁지로 내몰았다.

1990년 2월 겨울의 끝자락, 우리 가족은 텍사스주 휴스턴에서 오하이오주 털리도의 집으로 돌아가고 있었다. 내가 교회를 세우고 가정을 이룬 털리도를 떠나야 했기에 휴스턴에서 살 곳을 둘러보고 오는 길이었다.

그런데 오하이오주 남쪽 지역에 갑작스런 강풍과 함께 눈보라가 불어닥쳐 화이트아웃이 발생했다. 영하 섭씨 20도로 내려간 추위와 눈보라로 고속도로가 막히고, 오하이오주 남부 지역에서 20여 명이 추위로 사망하는 사고가 있었다. 초등학생 딸 셋과 젖먹이 아들 하나, 승합차 안에 갇힌 우리 가족은 담요 한 장 없이 오직 자동차 히터에서 나오는 온기로 추위와 허기를 버텨야 했다.

다행스럽게도 기습 한파를 헤치고 무사히 집으로 돌아왔다. 그런데 웬일인가? 부엌으로 통하는 뒷문은 부서져 있고, 거실 쪽 깨진 창문으로 집 안에 찬바람이 몰아치고 있었다. 난방기 혼자 팽팽 돌아가고 있는 텅 빈 방에는 쓰레기들만 을씨년스럽게 휘날리고 있었다. 교회 사람들이 저지른 일로 판단되었다. 우리가 집을 비운 사이 뒷문을 부수고 들어와 살림살이들을 모조리 트럭에다 옮겨놓은 상태였다. 참으로 기가 막힐 노릇이었다.

우선 추위부터 피해야 했던 우리는 트럭에 아무렇게나 실려 있는 살림살이들을 헤치고 코트와 담요를 찾았으나 눈에 띄지 않았다. 그날 밤 잘 곳조차 없었다. 교회 사람 누구에게도 찾아갈 수 없었다. 같이 성경 공부를 하던 미국인 간호사한테 사정을 이야기했더니 고맙게도 방을 내주었다. 따뜻한 코트도 꺼내 주었고 약간의 돈도 챙겨 주었다. 그녀는 그날 우리 가족에게 선한 사마리아인이었다. 그 뒤 우리는 경황없이 거처를 옮겼고, 그 고마운 미국인 간호사와 연락이 끊기는 바람에 은혜를 갚지 못했다.

우리는 휴스턴으로 떠나기 전 털리도의 정든 집을 차로 세 바퀴 돌았다. 그리고 인사했다.

"우리 집아, 안녕. 우리 집아, 영원히 안녕…."

미국에 온 지 십 수년, 다락방과 반지하를 오가는 수차례의 이사 끝에 처음으로 마련한 집이었다.

우리 가족은 휴스턴으로 오면서 일주일을 승합차와 모텔에서 지냈다. 미리 얻어놓은 셋집에 왔으나 살림살이가 없어 빈집, 빈방에서 노숙자처럼 살아야 했다. 짐을 실은 트럭은 일주일 뒤에야 도착했다.

우리 가족은 그 힘든 시기를 잘 견뎌냈다. 나는 눈물 한 방울 흘리지 않았다. 내가 눈물을 보이면 가족 모두가 푹 쓰러질 것 같았다. 나는 원수를 용서해야 한다는 것을 잘 알고 있었다. 성경 말씀에 그렇게 쓰여 있기 때문이었다. 그러나 나는 도저히 용서할 수 없었다.

하루는 병원에서 근무 중 환자와 이야기를 나누다가 내가 겪은 일을 들려주었다. 그가 말을 막으며 물었다.

"그런 일이 교회 안에서 일어났다고요?"

나는 대답했다.

"네, 제가 이전에 다니던 교회에서 일어난 일입니다."

그가 말했다.

"글쎄, 그곳이 교회일 리가 없어요."

용서받고 용서함으로써 세워지는 하늘의 왕국

나는 지금도 그때 겪었던 모든 일을 생생하게 기억하고 있다. 아이들과 함께 2주일 동안 코트도 담요도 없이 혹독한 한파를 견뎌야 했던 일을 어떻게 잊어버릴 수 있겠는가? 나는 목회자이기 이전에 어린 자녀 4명의 엄마였다.

나는 그 일을 하나님의 용서로 연결하지 못했다. 하나님의 용서와 내가 원수를 미워하는 것은 나에게 두 개의 각기 다른 사건이었다. 그러나 용서에 대해 깨달은 이후 생각이 달라졌다. 예수님의 가르침에 의하면 그 두 가지는 서로 연결되는 일이었다.

용서와 미움 두 사건이 서로 연결될 때, 나는 내 원수를 용서할 수 없었기에 피해자에서 악한 종이 된다. 하나님께 이미 받은 용서는 상실되고 하나님의 긍휼을 받을 자격이 없는 자가 되는 것이다. 나아가 내가 원수를 용서하지 못하면 나는 구원마저 잃고 만다.

나는 원수에게 베풀어야 하는 100데나리온의 긍휼보다 하나님으로부터 받은 365만 데나리온은 도대체 얼마나 더 큰 것인가? 하나님께서 베푸신 3만6,500배의 긍휼을 어떻게 내가 느끼고 깨달을 수 있을까?

며칠 전 아직 어둑한 새벽, 일찍 일어나 뒷마당으로 나갔다. 바깥 기온은 섭씨 17도로 공기는 맑고 상쾌했다. 이처럼 산뜻한 공기는 뜨거운 여름 이후 처음이었다. 나는 숨을 한껏 들이마시며 신선한 공기를 즐겼다.

그때 갑자기 내 마음에 와닿는 것이 있었다. 하나님의 긍휼과 용서가 내가 마시고 있는 공기와 같다는 깨달음이었다. 공기는 우리 집 뒷마당을 채우고, 휴스턴 시내를 채우고, 전 세계를 채우고, 그래서 모든 인간과 푸나무와 새와 짐승 들을 감싸고 있었다. 그처럼 하나님의 긍휼이 하나님께서 지으신 모든 창조물 위에, 모든 인간들 위에, 생명을 가진 모든 것들 위에 계심을 깨달았다.

하나님의 긍휼은 몇 백만이라는 숫자 위에 있지 않고 온 세상을 감싸는 공기처럼 모든 창조물 위에 함께 있었다. 나는 숨을 쉴 때마다 하나님의 긍휼을 들이마시고 있었다. 아, 그 크신 하나님의 긍휼!

하나님은 우리를 전면적으로 용서하셨고, 또 우리가 우리에게 죄지은 자를 용서하기를 원하신다. 이 세상에서 용서하지 못하는 것은 피해자의 권리이고 감정이지만 하늘에서는 악한 죄가 된다. 그것이 하늘의 법이다. 이 세상 왕국은 원수를 미워하고 원수의 피를 흘림으로써 세워지나 하늘의 왕국은 용서받고 용서함으로써 세워진다.

지난 33년 동안 내게 와서 "미안합니다. 용서해주십시오"라고 말한 사람은 없었다. 그러나 이제 나는 그런 것을 개의치 않는다. 하나님의 용서와 긍휼이 얼마나 큰지 알았기 때문이다. 365만 데나리온의 뜻을 깨달았기 때문이다.

나는 하나님의 긍휼이 이렇게 큰 줄 모르면서 지난 50년 동안 성경 선생, 선교사, 목사로 살았다. 이제나마 모든 만물을 감싸고 있는 하나님의 크신 긍휼을 깨달으니 미움도 쓴맛도 다 사라져버렸다. 내 마음이, 내 영혼이 하나님을 찬양하는 일만 남았다.

우리가 인생길을 가다가 돌부리에 걸려 넘어져서 상처를 입을 때가 있다. 그러나 하나님의 긍휼로 우리의 상처는 아물고, 우리는 다시 일어나서 영생을 향한 인생길을 계속 갈 수 있다.

"주님께서 나를 용서하셨으니 나도 너를 용서한다."

그렇게 말하면서….

지은이 김복순 (한국 이름: 윤복순)

1963~1969   목포여자중·고등학교 졸업

1971. 1.   목포 성골롬반 간호학교 졸업

1972. 1.   서울대학병원 조산원 과정 수료

1973. 2.   간호사 평신도 선교사로 미국 뉴욕행

2003.   휴스턴 CMI 교회 참여

2006. 5.   휴스턴 CMI 교회 목사

2012. 1.   간호사직에서 은퇴

2015. 2.   서울 국제신학대학 대학원 M div. eq 목회학 졸업

2019.   휴스턴 CMI 교회 목사직에서 은퇴

현재   미국 텍사스주 휴스턴에서 '다육맘'으로 다육이 가꾸기에 열중

www.houstoncmi.com

나는 저자에게 물었다

—

2024년 1월 15일 1판 1쇄 발행

—

지은이 | 김복순
펴낸이 | 홍영철
펴낸곳 | 홍영사
주소 | 03150 서울시 종로구 우정국로 45-11, 4층 (동산빌딩)
전화 | (02) 736-1218
이메일 | hongyocu@hanmail.net
등록번호 | 제300-2004-135호

—

ⓒ 김복순, 2024
ISBN 978-89-92700-29-0 (03200)
값 17,000원

—

· 이 책은 저작권법의 보호를 받는 저작물이므로 무단 전제와 무단 복제를 금합니다.
· 잘못된 책은 구입처에서 바꾸어 드립니다.